Integrative Suchttherapie

Christian Lorenz

Integrative Suchttherapie

Störungs- und Behandlungswissen für die tägliche ambulante und stationäre Arbeit

Christian Lorenz
Forel Klinik AG, Klinik für
Alkohol- und Medikamentenabhängigkeit
Kreuzlingen, Schweiz

ISBN 978-3-662-73256-4   ISBN 978-3-662-73257-1 (eBook)
https://doi.org/10.1007/978-3-662-73257-1

Die Deutsche Nationalbibliothek verzeichnet diese Publikation in der Deutschen Nationalbibliografie; detaillierte bibliografische Daten sind im Internet über https://portal.dnb.de abrufbar.

Springer ist ein Imprint der eingetragenen Gesellschaft Springer-Verlag GmbH, DE und ist ein Teil von Springer Nature.
Die Anschrift der Gesellschaft ist: Heidelberger Platz 3, 14197 Berlin, Germany

Vorwort

Das Werk „Integrative Suchttherapie – Störungs- und Behandlungswissen für die tägliche ambulante und stationäre Arbeit" von Christian Lorenz bietet einen umfassenden, wissenschaftlich fundierten Einstieg in die zentralen Aspekte der Suchttherapie. Es richtet sich explizit an Fachkräfte, die keine spezifische suchttherapeutische Ausbildung besitzen, und vermittelt dennoch ein tiefgehendes Verständnis für die Komplexität von Abhängigkeitserkrankungen. Der Autor legt dabei großen Wert auf eine beziehungsorientierte Haltung und betont die Bedeutung einer respektvollen Kommunikation mit den Betroffenen.

Ein zentrales Anliegen des Buches ist die differenzierte Diagnostik, die nicht nur die Suchterkrankung selbst, sondern auch die in der Praxis relevanten komorbiden psychischen Störungen wie Traumafolgestörungen, Depressionen, Angststörungen, ADHS oder Persönlichkeitsstörungen in den Blick nimmt. Die Autorenschaft plädiert für einen ressourcenorientierten Zugang, der die Lebensrealität der Betroffenen ebenso berücksichtigt wie soziale Benachteiligungen. Dabei wird deutlich, dass Suchttherapie weit mehr ist als die Anwendung standardisierter Methoden: Sie erfordert eine kontinuierliche Reflexion der eigenen Haltung und eine hohe Sensibilität für die individuellen Lebensgeschichten der Betroffenen.

Innovativ und zukunftsweisend ist die Darstellung der zieloffenen Suchtarbeit. Auch wird die gängige Praxis von Kontrollinstrumenten wie Konsumkontrollen kritisch hinterfragt und praxisnah erläutert, wie diese Instrumente sinnvoll eingesetzt oder auch bewusst zurückgenommen werden können. Ziel ist es, die Autonomie und Motivation der Betroffenen zu stärken und sie als Expertinnen und Experten ihrer eigenen Lebensführung ernst zu nehmen. Christian Lorenz zeigt beeindruckend auf, dass eine solche Haltung nicht nur die therapeutische Beziehung vertieft, sondern auch die Wirksamkeit der Interventionen erhöht.

Ein weiteres zentrales Thema ist die Einbindung von Angehörigen und Selbsthilfegruppen. Das Buch macht deutlich, dass nachhaltige Suchtarbeit nur gelingen kann, wenn das soziale Umfeld aktiv in den therapeutischen Prozess einbezogen wird. Die vorgestellten Strategien zur Angehörigenarbeit und zur Kooperation mit Peergroups sind praxisnah und bieten wertvolle Anregungen für die Umsetzung im Alltag.

Die konsequente Orientierung an partizipativen Prinzipien und die kritische Reflexion bestehender Strukturen machen das Werk zu einer wichtigen Ressource für alle, die sich mit Suchttherapie beschäftigen.

Das Buch überzeugt durch seine klare, strukturierte und zugleich sachliche Sprache, die es allen Leserinnen und Lesern auch ohne vertiefte Vorkenntnisse ermöglicht, sich in die Materie einzulesen. Die konsequente Berücksichtigung individueller Bedürfnisse, partizipativer Prozesse und einer entstigmatisierenden Haltung entspricht dem aktuellen Stand der Wissenschaft und Praxis. Besonders hervorzuheben ist die Innovationskraft, mit der neue Ansätze wie die zieloffene Suchtarbeit und die kritische Reflexion von Kontrollinstrumenten vorgestellt werden. Die Integration von Angehörigen und Selbsthilfegruppen unterstreicht den ganzheitlichen Anspruch des Werkes. Insgesamt stellt „Integrative Suchttherapie" eine äusserst wertvolle Ressource für die Praxis dar und leistet einen wichtigen Beitrag zur Professionalisierung und Weiterentwicklung der Suchttherapie.

Basel, Schweiz   Marc Walter
10.02.2026

Danksagung

Marc Walter – für sein Vertrauen, seine fachliche Grosszügigkeit und sein Vorwort.
Carolin Schürmann und ihrer mitreissenden Emotionalität.
Philipp und seiner Menschlichkeit in der Suchttherapie.
Tim – immer und überall.
Isa.

Interessenkonflikt Der/die Autor*in hat keine relevanten Interessenskonflikte im Zusammenhang mit dieser Publikation.

Sucht verstehen – Sicher begleiten

Wer mit Menschen arbeitet, die an einer Abhängigkeitserkrankung leiden, erlebt herausfordernde, manchmal sogar überfordernde Situationen. Dieses Buch richtet sich an alle, die im Suchtbereich tätig sind – insbesondere an Pflegende, Alltagsbegleiter:innen, Betreuungspersonal und Mitarbeitende in psychosozialen Einrichtungen, die keine spezifische suchttherapeutische oder -medizinische Ausbildung haben, aber eine tragende Rolle im Alltag der Betroffenen spielen.

In der täglichen Arbeit fehlt es selten an Herz oder Einsatzbereitschaft – aber oft an Orientierung: Was hilft wirklich? Wie begegnet man Menschen, die scheinbar „nicht wollen"? Wie verhalte ich mich bei Konsumereignissen, Konflikten oder Wut? Was darf ich – und was muss ich wissen?

Dieses Buch soll keine Rezepte liefern. Aber es möchte Sicherheit geben. Sicherheit durch Wissen, Sicherheit durch Verstehen – nicht durch Kontrolle. Es bietet Grundwissen zur Suchterkrankung, vermittelt eine menschliche therapeutische Haltung und zeigt Wege auf, wie wir als Helfende in Beziehung bleiben – auch dort, wo Verhalten uns herausfordert.

Beziehung ist das tragende Fundament therapeutischer Wirkung. Wer sich sicher fühlt, kann andere sicher begleiten.

Inhaltsverzeichnis

1 Sucht als Erkrankung verstehen 1
   1.1 Das Phänomen Sucht 1
       1.1.1 Epidemiologie: Grössenordnung und Relevanz 2
       1.1.2 Krankheitsmodell 2
       1.1.3 Sucht als Teilhabestörung. 3
       1.1.4 Konsequenzen für die therapeutische Haltung 3
   1.2 Diagnose Abhängigkeit. 4
       1.2.1 ICD-10 und seine 42 Phänotypen. 4
       1.2.2 Chancen und Grenzen diagnostischer Systeme 5
       1.2.3 Screening- und Gesprächsleitfaden statt Schublade. 5
       1.2.4 Praxis: Wie mit Diagnosen arbeiten? 6
   Literatur 8

2 Psychologie der Sucht. 9
   2.1 Scham 9
       2.1.1 Scham und Selbstwert 9
       2.1.2 Evolutionsbiologischer Hintergrund 10
       2.1.3 Scham als Therapiebarriere 10
       2.1.4 Therapeutische Konsequenzen. 11
   2.2 Grenzen und Vereinbarungen 11
       2.2.1 Warum Vereinbarungen notwendig sind. 12
       2.2.2 Regeln und Beziehung 12
       2.2.3 Psychologische Funktion von Grenzen 13
       2.2.4 Universelle rote Linien und individuelle Vereinbarungen . . . 13
       2.2.5 Risiken im Umgang mit Regeln. 14
       2.2.6 Konsequenzen für die Praxis 14

2.3   Therapeutische Beziehungen 15
      2.3.1   Rollenklarheit im multiprofessionellen Kontext 15
      2.3.2   Nähe und Distanz: Beziehung braucht Haltung 15
      2.3.3   Zusammenarbeit im Team: Beziehung ist gemeinsame
              Aufgabe 16
Literatur 19

3   Haltung, Ziele & Sprache 21
3.1   Abhängigkeit als Suche nach innerer Balance 21
      3.1.1   Konsistenztheorie nach Grawe und ihre Bedeutung
              für die Suchttherapie 21
      3.1.2   Die vier Grundbedürfnisse nach Grawe
              und ihre Relevanz für Konsumverhalten 22
      3.1.3   Sucht als Ausdruck von Inkonsistenz – psychologische
              und neurobiologische Mechanismen 23
      3.1.4   Neurobiologische Hintergründe – warum Willenskraft
              allein nicht reicht 23
      3.1.5   Therapeutische Implikationen – alternative Wege
              zur Bedürfnisbefriedigung 24
      3.1.6   Präventive Implikationen 25
      3.1.7   Fazit 26
3.2   Stigmatisierung 26
      3.2.1   Einleitung: Soziale Ungleichheit und Sucht. 26
      3.2.2   Soziale Gerechtigkeit in der Praxis 26
      3.2.3   Strukturelle Stigmatisierung. 27
      3.2.4   Institutionelle Hürden und Diskriminierungs-
              erfahrungen 27
      3.2.5   Selbststigmatisierung 28
      3.2.6   Systemische Perspektive 28
      3.2.7   Therapeutische Konsequenzen. 28
3.3   Therapieziele. 29
      3.3.1   Zielformulierung 29
      3.3.2   Zieloffene Suchtarbeit 30
3.4   Aus Worten werden Taten. 31
      3.4.1   Sprache schafft Wirklichkeit 31
      3.4.2   Etiketten, Bewertungen und Sprache im Alltag 32
      3.4.3   Von Widerstand zu Ambivalenz 32

	3.4.4	Dialogische Sprache	33
	3.4.5	Praktische Konsequenzen	33
3.5		Exkurs: Sprache bewusst wählen – Glossar für die Praxis	33
		Literatur	37
4		**Handwerkszeug für den Alltag**	39
4.1		Behandlungsphase Entzug	39
	4.1.1	Allgemeine Entzugssyndrome	40
	4.1.2	Alkoholspezifischer Entzug	40
4.2		Craving	42
	4.2.1	Verlauf und Dynamik	42
	4.2.2	Ursachen: Suchtgedächtnis und Konditionierungen	42
	4.2.3	Therapeutische Ansätze	43
4.3		Unerwünschte Konsumereignisse	44
	4.3.1	Warum wir von „Konsumereignissen" sprechen	44
	4.3.2	Konsumereignisse sind die Regel – nicht die Ausnahme	45
	4.3.3	Vor dem Ereignis: Kognitive Prozesse verstehen	45
	4.3.4	Tools zur Mustererkennung	45
	4.3.5	Der Prozesscharakter von Konsumereignissen	46
	4.3.6	Nach dem Ereignis: Stabilisieren und lernen	46
	4.3.7	Neurobiologie: Suchtgedächtnis und Cues	47
	4.3.8	Risikofaktoren und situative Verfassungen	47
	4.3.9	Soziale und institutionelle Dimension	47
	4.3.10	Konsequenzen für die Praxis	48
4.4		Konsumkontrollen	48
	4.4.1	(Menschen-)Rechtlicher Rahmen	49
	4.4.2	Wirkung und Grenzen von Konsumkontrollen	49
	4.4.3	Therapeutische Haltung	50
4.5		Suizidalität	51
	4.5.1	Risikofaktoren	51
	4.5.2	Suizidalität unter Intoxikation und Entzug	51
	4.5.3	Formen der Suizidalität	52
	4.5.4	Diagnostische Instrumente: NGASR und PRISM	52
	4.5.5	Ansprechen	53
	4.5.6	Therapeutische Haltung	53
	4.5.7	Konsequenzen für die Praxis	53
		Literatur	56

5   Substanzen und Verhaltenssüchte 59
  5.1   Folgeschäden von Alkohol 59
     5.1.1   Organische und somatische Folgeschäden 59
     5.1.2   Psychosomatische Folgen 60
     5.1.3   Neurologische Folgen 61
     5.1.4   Folgeschäden anderer Substanzen 61
     5.1.5   Drei häufige Fragen 62
  5.2   Illegale Substanzen 63
     5.2.1   Substanzgruppen im Überblick 63
     5.2.2   Überdosierungen und Schadensminderung 64
     5.2.3   Schadens- und Abhängigkeitspotenziale im Vergleich 64
     5.2.4   Therapeutische Grundprinzipien und Haltung 64
  5.3   Tabak und Nikotin 65
     5.3.1   Epidemiologie 65
     5.3.2   Funktionalität des Konsums 65
     5.3.3   Beteiligte Organsysteme 66
     5.3.4   Therapie – evidenzbasierte Programme 66
     5.3.5   E-Zigaretten und Vapes – Potenzial zur
             Schadensminderung 66
     5.3.6   Praxisbezug für Fachpersonen 67
  5.4   Medikamentenabhängigkeit 67
     5.4.1   Epidemiologie und Demografie 67
     5.4.2   Zentrale Substanzgruppen 68
     5.4.3   Symptomatik 68
     5.4.4   Therapie und Entzug 69
     5.4.5   Konsequenzen für die Praxis 69
  5.5   Verhaltenssüchte 69
     5.5.1   Definition und Klassifikation 70
     5.5.2   Epidemiologie und Komorbidität 70
     5.5.3   Gemeinsame Mechanismen 70
     5.5.4   Diagnostik und Screening 70
     5.5.5   Behandlung 71
     5.5.6   Haltung und Praxis 71
  Literatur 73

6   Komorbiditäten 77
  6.1   Trauma und Sucht 77
     6.1.1   Was ist ein Trauma? 77
     6.1.2   Gedächtnispsychologie der Exposition 78

6.1.3   Gemeinsame Wirkfaktoren traumatherapeutischer
         Verfahren 78
6.1.4   Traumaspezifische Verletzungen psychologischer
         Grundbedürfnisse (nach Grawe) 79
6.1.5   Hilfe durch Skills und langfristiges Stressmanagement. . . . 79
6.1.6   Empirische Befunde 80
6.1.7   Interprofessionelle Ansätze: Körper und Kreativität als
         Ressourcen 81
6.2 Depression und Sucht 81
6.2.1   Klassische Symptome und Schweregrade 82
6.2.2   Depression als Folge von Suchtmittelkonsum 83
6.2.3   Relevanz für die Behandlung 83
6.2.4   Diagnostik und therapeutische Ansätze 83
6.2.5   Haltung und Beziehungsgestaltung 84
6.3 Angst und Sucht 84
6.3.1   Diagnostik: erfassen, unterscheiden, im Verlauf prüfen. . . . 85
6.3.2   Substanzspezifische Verknüpfungen. 85
6.3.3   Therapie: Verhalten ändert Gefühle – nicht umgekehrt 86
6.3.4   Therapeutische Haltung: validierend,
         entkatastrophisierend, transparent 87
6.4 AD(H)S und Sucht 87
6.4.1   Begriff und Typen. 87
6.4.2   Epidemiologie und Komorbidität. 88
6.4.3   Warum ADHS und Sucht so oft zusammen auftreten 88
6.4.4   Diagnostik im Suchtkontext: präzise, phased,
         geschlechtersensibel. 88
6.4.5   Pharmakotherapie: Nutzen, Risiko, Einbettung 89
6.4.6   Therapeutische Haltung und Setting 89
6.4.7   Praxis: Gestaltung von Umfeld und Alternativen. 90
6.5 Persönlichkeitsstörungen und Sucht 90
6.5.1   Komorbidität mit Substanzgebrauchsstörungen. 90
6.5.2   Klinische Besonderheiten im Suchtkontext 91
6.5.3   Emotional-instabile Persönlichkeitsstörung: Varianten
         und Dynamiken 91
6.5.4   Therapeutische Implikationen: Rahmen, Haltung,
         Verfahren 92
6.5.5   Umgang mit Selbstverletzungen. 92
6.5.6   „Spaltung" präziser verstehen 93
Literatur 95

7 Systemische Dimension 99
  7.1 Sucht als Teilhabestörung 99
    7.1.1 Soziale Isolation und Ausschluss 99
    7.1.2 Social Prescribing und neue Ansätze 100
    7.1.3 Exkurs: Was Suchtmittel gefährlich macht.
          Zur Droge selbst und den Umgebungsfaktoren... 100
    7.1.4 Der „Rat Park" von Bruce Alexander. 100
    7.1.5 Relevanz für die Praxis. 101
    7.1.6 Hoch funktionale Abhängigkeit 102
    7.1.7 Praktische Umsetzung 102
    7.1.8 Evidenzlage 102
  7.2 Angehörige und Selbsthilfegruppen 103
    7.2.1 Angehörigenarbeit 103
    7.2.2 Selbsthilfegruppen 104
    7.2.3 Verbindung zu alltagsnahen Ansätzen 104
    7.2.4 Konsequenzen für die Praxis 105
  7.3 Welcome to the Jungle: Orientierung im Suchthilfesystem 105
    7.3.1 Historische Entwicklung und Fragmentierung. 105
    7.3.2 Behandlungskette – vom Erstkontakt bis zur Nachsorge.... 106
    7.3.3 Gemeinsamkeiten und Unterschiede in D–A–CH 106
    7.3.4 Harm Reduction und ergänzende Angebote............ 106
    7.3.5 Selbsthilfe – differenziert und vielfältig. 107
    7.3.6 Navigationshilfe für die Praxis. 107
  Literatur 110

**Ausleitung – Beziehung statt Rezepte: Therapie bleibt ein
gemeinsamer Weg**.. 113

Über den Autor

Christian Lorenz, geboren 1981 in Deutschland, ist Psychologe und Mitglied der Geschäftsleitung der Forel Klinik AG in der Schweiz, wo er den medizinisch-therapeutischen Bereich verantwortet. Zuvor war er unter anderem leitender Psychologe in der Psychiatrie Appenzell-Ausserrhoden sowie stellvertretender Institutsleiter am Zentrum für Psychotherapie Bodensee.

Seine klinische Arbeit umfasst seit vielen Jahren stationäre und ambulante Psychotherapie mit Schwerpunkten in der Behandlung von Abhängigkeitserkrankungen, Traumafolgestörungen sowie affektiven und Persönlichkeitsstörungen.

Christian Lorenz ist eidgenössisch anerkannter Psychotherapeut, promovierte an der ETH Zürich und ist als Supervisor und Dozent in der Psychotherapieausbildung tätig. Daneben engagiert er sich in verschiedenen Fachgremien, unter anderem im Vorstand des Fachverbands Sucht sowie der Schweizerischen Gesellschaft für psychiatrische und psychotherapeutische Tageskliniken.

Seine fachliche Arbeit verbindet evidenzbasierte Therapie mit einer klar beziehungsorientierten Haltung. In Vorträgen, Weiterbildungen und dem therapeutischen Alltag setzt er sich für eine integrative, entstigmatisierende und humanistische Suchtbehandlung ein.

Im Familienalltag sorgen zwei heranwachsende Töchter zuverlässig für Grenzerfahrungen. Ausgleich dazu findet er in den berauschenden Qualitäten der Berge, Musik und Literatur.

Er ist dankbar für ein Leben, das bislang ohne Traumatisierungen blieb, und dessen Fülle von bedeutsamen Bindungen ihn vorerst vor der Entwicklung von Abhängigkeiten schützt.

Sucht als Erkrankung verstehen 1

Schaffen wir uns eine gemeinsame Basis: Was bedeutet Abhängigkeit, wie wird sie diagnostiziert, und welche Konzepte helfen beim Verstehen? Die Kapitel geben eine klare Sprache und Orientierung für alles, was folgt.

1.1 Das Phänomen Sucht

Ein zentrales Merkmal der Sucht ist der Kontrollverlust. Häufig berichten Betroffene, dass sie den Moment des Konsums nicht aktiv entscheiden – er „passiert". Typische Auslöser sind emotionale Zustände wie Angst, Einsamkeit oder Wut. Diese Affekte überlasten innere Steuerungsmechanismen, sodass der Griff zur Substanz zur kurzfristigen Selbstregulation wird.

Dabei erleben Menschen mit Abhängigkeitserkrankungen oft einen starken inneren Konflikt: Auf der einen Seite ist der Wunsch, aufzuhören – auf der anderen Seite steht der Konsum, der die Betroffenen schon lange begleitet, oft einen Ausweg aus vermeintlich unaushaltbaren Situationen verspricht und sich wie „von selbst" einstellt. Viele beschreiben dies als Zwang: Der Konsum geschieht, obwohl man ihn bewusst nicht will. Das ist kein Zeichen von Willensschwäche, sondern Ausdruck überfordernder Belastungszustände und neurobiologischer Veränderungen.

Auf Konsumereignisse folgt oft die Scham – insbesondere, wenn eigene Erwartungen oder diejenigen wichtiger Bezugspersonen nicht erfüllt werden konnten. Diese Scham wirkt isolierend, untergräbt den Selbstwert, macht passiv und verhindert Offenheit. Wer sich schämt, zieht sich zurück – und zeigt sich gerade dann nicht, wenn Hilfe benötigt würde und möglich wäre (Hammarlund et al., 2018).

© Der/die Autor(en), exklusiv lizenziert an Springer-Verlag GmbH, DE, ein Teil von Springer Nature 2026
C. Lorenz, *Integrative Suchttherapie*,
https://doi.org/10.1007/978-3-662-73257-1_1

Konsumereignisse sind dabei kein Ausdruck des Scheiterns, sondern normaler Bestandteil eines Veränderungsprozesses (Marlatt & Gordon, 1985). Sie zeigen, dass die bisherigen Strategien (noch) nicht ausreichen, um bestimmte Belastungen zu bewältigen.

1.1.1 Epidemiologie: Grössenordnung und Relevanz

Epidemiologisch handelt es sich bei Sucht nicht um ein Randphänomen, sondern um eine hochprävalente Volkskrankheit. Weltweit gehören Störungen durch Substanzgebrauch zu den führenden Ursachen für Krankheitslast. Auch in der D-A-CH-Region zeigt sich eine vergleichbare Grössenordnung: die Grundrate von Abhängigkeitserkrankungen liegt bei rund 5 % der Bevölkerung (World Health Organization, 2018).

Für die Schweiz wird ein Anteil von über 16 % der Erwachsenen mit riskantem Alkoholkonsum und rund 250 000 Personen mit Abhängigkeitskriterien berichtet (Obsan & Bundesamt für Gesundheit, 2024; Suchtmonitoring Schweiz, 2020). In Deutschland konsumieren etwa 13–15 % der Erwachsenen dabei Alkohol in gesundheitlich riskanter Weise, rund 1,6 Mio. erfüllen die Kriterien einer Abhängigkeit; jährlich sterben mehrere zehntausend Menschen an den Folgen des Alkohols (vgl. für die Schweiz: Obsan, 2020). Ähnliche Grössenordnungen werden auch für Österreich beschrieben, mit einem Anteil von etwa 15 % riskant Konsumierenden und rund 300.000 Personen mit behandlungsbedürftigen Alkoholproblemen.

Tabakkonsum bleibt in allen drei Ländern der wichtigste vermeidbare Risikofaktor für Mortalität. Medikamentenabhängigkeit wiederum betrifft im deutschsprachigen Raum überproportional häufig ältere Frauen. Illegale Substanzen – insbesondere Kokain, Opiate und Stimulanzien – weisen zwar geringere Prävalenzen auf, verursachen aber erhebliche Morbidität und soziale Belastung.

1.1.2 Krankheitsmodell

Die moderne Suchtforschung versteht Abhängigkeit als Störung von Lernen, Emotionsregulation und Motivation. Psychoaktive Substanzen aktivieren die Belohnungs- und Verstärkungsnetzwerke des Gehirns, entlasten kurzfristig von Stress oder verstärken positive Affekte. Mit wiederholter Einnahme kommt es zu neuroadaptiven Veränderungen: Reizsensibilisierung, erhöhter Toleranz gegenüber der Substanz, Craving und eine zunehmende Priorisierung des Konsums trotz negativer Konsequenzen (Volkow et al., 2016).

Diese Prozesse erklären, warum Willenskraft alleine nicht genügt, um Abhängigkeitserkrankungen zu überwinden. Kontrollverlust ist kein moralisches, sondern ein neurokognitives Phänomen, das mit Hinweisreiz-gesteuerten Automatismen, Belohnungsantizipation und kurzschlüssigen Entlastungsstrategien zusammenhängt.

Psychologisch lässt sich Sucht als fehlgeleitete Problemlösung interpretieren. Substanzen dienen in der Selbstmedikationslogik dazu, schwer erträgliche Affekte (Angst, Scham, Leere), traumabezogene Übererregungszustände oder zwischenmenschlichen Stress kurzfristig zu modulieren (Khantzian, 1997). Affektintoleranz, kognitive Verzerrungen und dysfunktionale Bewältigungsstrategien verstärken diese Tendenz.

1.1.3   Sucht als Teilhabestörung

Abhängigkeitserkrankungen beeinträchtigen nicht nur Körper und Psyche, sondern sehr oft auch die soziale Teilhabe. Viele Betroffene verlieren Beziehungen, Arbeit, gesellschaftliche Rollen oder den Zugang zu unterstützenden Netzwerken. Scham, Stigma und Rückzug führen zu einem Teufelskreis der Isolation (Livingston et al., 2012).

Damit wird deutlich: Sucht ist mehr als ein individuelles Leiden. Sie ist eine Erkrankung, die soziale Kontexte durchzieht und Beziehungen fundamental verändert. Jede Suchterkrankung ist auch eine Beziehungs- und Teilhabestörung – und genau dort setzen professionelle Interventionen an.

1.1.4   Konsequenzen für die therapeutische Haltung

Für die Praxis ergibt sich daraus:

1. Verständnis statt Moral – Sucht ist erklärbar und behandelbar.
2. Beziehung statt Kontrolle – therapeutische Wirkung entsteht in sicherer Bindung.
3. Ambivalenz begleiten – der innere Konflikt gehört zum Krankheitsbild, nicht zur „Unwilligkeit".
4. Scham entlasten – durch Sprache, Haltung und transparente Regeln.
5. Soziale Dimension beachten – Teilhabe und Beziehung sind zentrale Therapieziele.

▶   Abhängigkeit ist eine Krankheit und sie ist behandelbar.

1.2   Diagnose Abhängigkeit

Diagnosen im Suchtbereich wie in der gesamten Psychiatrie sind Werkzeuge, keine Wahrheiten. Sie sollen Orientierung geben, Kommunikation erleichtern und den Zugang zu Behandlungssystemen strukturieren (Poznyak et al., 2017). Gleichzeitig bergen sie die Gefahr, Menschen auf ein Etikett zu reduzieren – und damit komplexe Lebenssituationen zu stark zu vereinfachen.

Für die klinische Arbeit bedeutet das: Eine Diagnose ist der Anfang einer Auseinandersetzung, nicht deren Ende. Sie liefert eine gemeinsame Sprache, ersetzt aber nie das individuelle Verständnis.

1.2.1   ICD-10 und seine 42 Phänotypen

Das bisher in Europa lange genutzte ICD-10 definiert Abhängigkeit durch sechs Kriterien (WHO, 1992):

- Craving (starker Konsumwunsch oder -zwang) – ein intensives, schwer kontrollierbares Verlangen nach der Substanz, oft begleitet von Gedankenkreisen um Konsum.
- Kontrollverlust – die Unfähigkeit, Beginn, Menge oder Ende des Konsums zuverlässig zu steuern. Menschen berichten, dass sie „eigentlich nur ein Glas" trinken wollten – und dann doch die Kontrolle verlieren.
- Toleranzentwicklung – die Notwendigkeit, die Dosis kontinuierlich zu steigern, um dieselbe Wirkung zu erzielen. Klassisch z. B. beim Alkohol: Früher zwei Gläser, heute eine Flasche, um denselben Effekt zu spüren.
- Entzugssymptome – körperliche und psychische Beschwerden nach Absetzen oder Reduktion: Zittern, Schwitzen, Schlaflosigkeit, Angst, Gereiztheit.
- Einengung des Verhaltensrepertoires – andere Interessen, Hobbys oder soziale Kontakte treten in den Hintergrund; der Alltag wird zunehmend um die Substanz organisiert.
- Konsum trotz nachteiliger Folgen – Betroffene trinken oder konsumieren weiter, obwohl sie wissen, dass es ihre Gesundheit, Beziehungen oder Arbeit massiv schädigt.

Liegt mindestens die Hälfte dieser Kriterien – also drei oder mehr – über einen Monat oder wiederholt im Jahr vor, spricht man von einer Abhängigkeit.

Warum ist das wichtig? Weil Menschen oft schwanken zwischen „Ich hab das im Griff" und „Ich weiss nicht, wie das passiert ist". Die Kriterien helfen, eine gemeinsame Sprache und Orientierung zu schaffen – im Team, gegenüber Betroffenen und auch im Umgang mit den eigenen Unsicherheiten.

Wenn man die sechs Diagnosekriterien miteinander kombiniert, ergeben sich rein rechnerisch 42 mögliche Muster. Das bedeutet: Es gibt nicht *die* Abhängigkeitserkrankung, sondern viele unterschiedliche Ausprägungen – und sie alle fallen unter denselben Diagnosetitel.

DSM-5: Über 2000 Erscheinungsformen
Das aktuelle DSM-5 (American Psychiatric Association, 2013) listet 11 Kriterien für eine „Substance Use Disorder". Bereits bei Erfüllung von 2 Kriterien gilt die Diagnose. Daraus ergeben sich mathematisch 2047 mögliche Kombinationen. Damit wird klar: Unter demselben Begriff – „Alkoholabhängigkeit" oder „Substance Use Disorder" – können sich Menschen finden, die klinisch fast nichts gemeinsam haben. Diagnosen sind also Raster, keine exakten Abbilder.

1.2.2 Chancen und Grenzen diagnostischer Systeme

Diagnosen bieten Vorteile:

- Kommunikation zwischen Fachpersonen, Institutionen und Betroffenen.
- Forschung: nur durch standardisierte Kriterien lassen sich Patientengruppen vergleichen.
- Versorgung: Diagnosen sind Voraussetzung für Abrechnung und Anerkennung im Gesundheitssystem.

Aber die Grenzen sind ebenso klar:

- Individuelle Vielfalt wird nivelliert.
- Stigma: Ein Etikett kann dazu führen, dass Menschen nur noch „Abhängige" sind (Corrigan, 2004).
- Gefahr, dass Diagnose zur Schlussfolgerung statt zum Ausgangspunkt wird.

1.2.3 Screening- und Gesprächsleitfaden statt Schublade

Hilfreiche Instrumente wie die Screening-Fragebögen AUDIT (Babor et al., 2001), ASSIST (WHO, 2010) oder DUDIT (Berman et al., 2005) sind nicht dazu da, Menschen abzuhaken. Sie eröffnen Gesprächsanlässe. Ein positives Screening ist eine Einladung, weiter zu fragen – nicht ein Urteil.

1.2.4　Praxis: Wie mit Diagnosen arbeiten?

- Diagnosen transparent erklären: „Das ist ein medizinisches Raster, kein Urteil über Ihre Person."
- Individuelle Muster erheben: Wann, wie, warum wird konsumiert?
- Konsequenzen aufzeigen – aber ohne Moralisieren.
- Diagnose als Türöffner sehen, nicht als Schublade.

▶　　Abhängigkeit hat viele Gesichter – „den Süchtigen" gibt es nicht.

Anna

Anna ist 49 Jahre alt, Mutter zweier erwachsener Kinder und ist seit einiger Zeit wieder häufiger allein. Ihr Mann ist wenig präsent: Sein Beruf fordert ihn stark, Reisen und Verantwortung bestimmen seinen Alltag. Die Beziehung funktioniert organisatorisch, aber nicht als emotionaler Resonanzraum. Anna versteht das – und schweigt darüber, wie sehr ihr etwas fehlt.

Nach aussen wirkt sie zuverlässig, freundlich, unauffällig. Sie arbeitet Teilzeit im Detailhandel, trägt Verantwortung, kümmert sich, fällt nicht auf. Viele Jahre war die Familie ihr Lebensmittelpunkt. Sie strukturierte den Alltag, hielt Stimmungen in Balance und füllte die Leerstellen anderer. Mit dem Auszug der Kinder wird ihr Leben leiser – und eine Lücke entsteht, die sie zunächst nicht einordnen kann.

Sie beschreibt diese Phase später als „eine Mischung aus Leere und Anspannung". Abends ist es am stärksten: das Gefühl, nicht mehr gebraucht zu werden, eine unangenehme innere Unruhe, das Absinken der Stimmung, wenn der Tag zur Ruhe kommt. Ein Glas Wein hilft. Dann zwei. Später mehr. Nicht, weil sie sich berauschen will – sondern weil sie das Gefühl hat, ohne Alkohol nicht in den Abend zu finden.

Ihr Konsum ist eine funktionale Strategie, kein rebellischer Akt. Er ist ein Versuch, Spannung zu regulieren, Schlaf zu ermöglichen, Scham und Selbstzweifel zu beruhigen. Viele Patientinnen mit ähnlichen Lebensläufen berichten von dieser Logik: nicht Sucht, sondern Selbstregulation.

Mit der Zeit treten erste Toleranzphänomene auf: Die alte Wirkung stellt sich erst später ein, die Menge steigt langsam, fast unmerklich. Anna ver-

schiebt den Zeitpunkt des ersten Glases nach vorne – zunächst auf 21 Uhr, dann auf 20 Uhr. Es sind kleine Veränderungen, die sie sich selbst nicht erklärt. Sie merkt nur, dass der Abend ohne Alkohol „zäher" geworden ist.

Ein weiteres typisches Muster zeigt sich: ein beginnender Kontrollverlust im Kleinen. Sie nimmt sich vor, „heute bei zwei Gläsern zu bleiben", und stellt später fest, dass doch drei oder vier geworden sind – nicht in einem Exzess, sondern in einer leisen, schleichenden Entgleisung. An einem Abend, als sie vom Sofa aufsteht, wird ihr schwindlig. Sie stolpert auf dem Weg in die Küche und fängt sich an der Arbeitsplatte ab. Sie erschrickt kurz – und verdrängt den Moment sofort.

Im beruflichen Kontext fällt wenig auf. Kolleginnen bemerken, dass sie häufiger müde wirkt oder sich zurückzieht, schreiben es aber der Belastung der letzten Jahre zu. Anna selbst spricht nicht darüber. Sie hat gelernt, Probleme still zu tragen, ohne sie zu benennen. Scham schützt sie vor Nähe – und verhindert, dass jemand genauer hinschaut.

Erste körperliche Symptome treten auf: Schlafstörungen, Verspannungen, diffuse Müdigkeit. Diese führen sie zur Hausärztin. Der Gesprächsverlauf ist typisch: Die Ärztin fragt nach Alkohol, Anna spürt einen kurzen inneren Rückzug, antwortet beschwichtigend. Beide verlassen das Gespräch ohne echte Annäherung. Scham bleibt unsichtbar, bestimmt aber das Verhalten.

Nach aussen bleibt ihr Leben stabil. Nach innen verschiebt sich die Balance: Die Selbstfürsorge bricht weg, die emotionale Erschöpfung nimmt zu, der Konsum wird regelmässiger. Was hier sichtbar wird, ist ein Muster, das viele Frauen in vergleichbaren Lebenssituationen zeigen: hohe Verantwortungsübernahme, geringe Selbstzuwendung, das leise Entstehen einer Überlastung – und ein Konsum, der sich nicht als Problematik anfühlt, sondern als pragmatische Lösung.

Annas Umfeld bemerkt die Veränderung spät. Die Tochter sagt einmal: „Mama, du klingst irgendwie anders." Ihr Mann meint bei einem Streit, sie sei „empfindlicher geworden". Anna widerspricht beiden und zieht sich innerlich weiter zurück.

Dieser Abschnitt beschreibt die Phase vor jeder Diagnose, vor jeder Eskalation: eine stille Verschiebung in Richtung Überforderung, die weder dramatisch noch auffällig wirkt – aber den Boden dafür bereitet, dass Alkohol zur zentralen Bewältigungsstrategie wird.

Literatur

American Psychiatric Association. (2013). *Diagnostic and statistical manual of mental disorders* (5. Aufl.). Author.

Babor, T. F., Higgins-Biddle, J. C., Saunders, J. B., & Monteiro, M. G. (2001). *The Alcohol Use Disorders Identification Test (AUDIT): Guidelines for use in primary care* (2. Aufl.). WHO.

Berman, A. H., Bergman, H., Palmstierna, T., & Schlyter, F. (2005). Evaluation of the drug use disorders identification test (DUDIT) in criminal justice and detoxification settings. *European Addiction Research, 11*(1), 22–31.

Corrigan, P. W. (2004). How stigma interferes with mental health care. *American Psychologist, 59*(7), 614–625.

Hammarlund, R., Crapanzano, K., Luce, L., Mulligan, L., & Ward, K. (2018). Self-stigma and perceived social stigma and help-seeking behavior. *Substance Abuse and Rehabilitation, 9*, 115–136.

Khantzian, E. J. (1997). The self-medication hypothesis of substance use disorders: A reconsideration and recent applications. *Harvard Review of Psychiatry, 4*(5), 231–244.

Livingston, J. D., Milne, T., Fang, M. L., & Amari, E. (2012). The effectiveness of interventions for reducing stigma related to substance use disorders: A systematic review. *Addiction, 107*(1), 39–50.

Marlatt, G. A., & Gordon, J. R. (1985). *Relapse prevention: Maintenance strategies in the treatment of addictive behaviors.* Guilford Press.

Obsan. (2020). *Alkoholattributable Mortalität in der Schweiz* (S. 15–74). Obsan.

Obsan & Bundesamt für Gesundheit. (2024). *Indikatorenmonitoring Sucht und NCD: Risikoreicher Alkoholkonsum (15+).* Obsan & Bundesamt für Gesundheit.

Poznyak, V., Reed, G. M., Clark, N., Medina-Mora, M. E., & Mohan, D. (2017). The World Health Organization's work on the ICD-11 development for mental and behavioural disorders. *World Psychiatry, 16*(3), 30–39.

Suchtmonitoring Schweiz. (2020). *Zahlen und Fakten zur Alkoholabhängigkeit in der Schweiz.* Suchtmonitoring Schweiz.

Volkow, N. D., Koob, G. F., & McLellan, A. T. (2016). Neurobiologic advances from the brain disease model of addiction. *New England Journal of Medicine, 374*(4), 363–371.

World Health Organization. (1992). *The ICD-10 classification of mental and behavioural disorders: Clinical descriptions and diagnostic guidelines.* WHO.

World Health Organization. (2010). *The alcohol, smoking and substance involvement screening test (ASSIST): Manual for use in primary care.* WHO.

World Health Organization. (2018). *Global status report on alcohol and health 2018.* WHO.

Psychologie der Sucht

2

Wir blicken unter die Oberfläche: Gefühle, erlernte Denk- und Beziehungsmuster steuern Verhalten oft stärker als gute Vorsätze. Dieser Teil zeigt, wie Scham abgebaut, Grenzen sinnvoll gesetzt und tragfähige Beziehungen gestaltet werden.

2.1 Scham

Scham ist eines der mächtigsten Gefühle in der Suchtbehandlung – und eines der zerstörerischsten. Sie sorgt dafür, dass Betroffene schweigen, sich zurückziehen und sich nicht zeigen, gerade dann, wenn Hilfe dringend notwendig wäre (Miller & Rollnick, 2013; Tangney & Dearing, 2002).

2.1.1 Scham und Selbstwert

Scham unterscheidet sich von Schuld: Schuld bezieht sich auf das Verhalten („Ich habe etwas Falsches getan"), Scham auf die Person („Ich bin falsch"). In der Sucht ist Scham fast allgegenwärtig: Menschen schämen sich für den Kontrollverlust, für Konsumereignisse, für Enttäuschungen im Umfeld oder für gesellschaftliche Stigmatisierung (Luoma et al., 2007).

Diese Selbstabwertung führt zu Rückzug, Passivität und Geheimhaltung – ein Teufelskreis, der den Zugang zu Behandlung massiv erschwert.

2.1.2 Evolutionsbiologischer Hintergrund

Scham ist kein zufälliges Gefühl, sondern ein universelles Affektprogramm, das in allen Kulturen beobachtet wird. Evolutionsbiologisch diente Scham ursprünglich der Sicherung von Zugehörigkeit: Wer soziale Normen verletzte, zeigte durch Scham (gesenkter Blick, Erröten, Rückzug) Signale der Unterordnung und bat damit nonverbal um Wiedereingliederung (Keltner & Harker, 1998).

So verstanden ist Scham ein soziales Regulativ: Sie schützt vor Ausschluss und erhält die Gruppe. In der Sucht jedoch kehrt sich dieser Mechanismus um. Statt Reintegration zu fördern, führt Scham zu Isolation. Das ursprünglich hilfreiche Programm wird zum Krankheitsverstärker: Der Moment, in dem Zugehörigkeit am wichtigsten wäre, wird durch Rückzug und Geheimhaltung blockiert.

2.1.3 Scham als Therapiebarriere

Nach Konsumereignissen berichten viele Patient:innen von überwältigender Scham. Diese kann so stark sein, dass nicht nur das Gespräch mit Helfenden vermieden wird, sondern paradoxerweise auch ein neuer Konsum ausgelöst wird: „Jetzt ist es sowieso egal." Damit wird Scham zu einem Risikofaktor für weitere Konsumereignisse (Marschall et al., 2019).

Studien zeigen klar: hohe Schamwerte sind mit verzögerter Hilfesuche, Therapieabbrüchen und schlechteren Outcomes verbunden (Brown et al., 2019). Umgekehrt wirkt eine schamreduzierende Haltung (validieren, normalisieren, akzeptieren) förderlich auf Offenheit, Bindung und Motivation.

Scham entsteht nicht nur im Inneren der Betroffenen, sondern wird auch von aussen erzeugt – durch Sprache, Haltung oder implizite Botschaften. Eine Bemerkung wie „Schon wieder ein Rückfall…" kann beschämend wirken und die therapeutische Beziehung belasten. Deshalb ist Teamreflexion und Supervision unverzichtbar: Sie schützt davor, dass Scham unbeabsichtigt verstärkt wird.

Auch Angehörige sind betroffen: Viele empfinden Fremdscham für das Verhalten des erkrankten Familienmitglieds. Das verstärkt die Tabuisierung und führt dazu, dass ganze Systeme schweigen.

2.1.4 Therapeutische Konsequenzen

- Sprache bewusst einsetzen: nicht „Rückfall", sondern „Konsumereignis" – signalisiert Normalität statt Versagen.
- Normalisierung: Konsumereignisse sind Teil des Veränderungsprozesses, nicht Beweise für Unfähigkeit.
- Empathie und Transparenz: Verständnis zeigen, Erwartungen klar kommunizieren, Grenzen ohne Abwertung setzen.
- Teamkultur: Scham entsteht auch durch abwertende Bemerkungen im Behandlungsteam. Eine reflexive, unterstützende Kultur ist zentrale Voraussetzung.

> Eine schamreduzierende Haltung ist entscheidend für Offenheit, Motivation und Therapieerfolg.

2.2 Grenzen und Vereinbarungen

Suchttherapie lebt von Beziehung – und Beziehung braucht einen verlässlichen Rahmen. Aber Rahmen bedeutet nicht Zwang oder Kontrolle. Vielmehr handelt es sich um eine gemeinsame Verständigung darüber, wie zwei Akteure – Betroffene und Fachpersonen – mit ihren jeweils berechtigten Interessen zusammenarbeiten. Grenzen und Regeln sind damit nicht primär Instrumente der Disziplinierung, sondern Ausdruck einer kooperativen Haltung: Sie sollen Freiräume schützen, Orientierung geben und Sicherheit ermöglichen.

Wer im suchttherapeutischen Setting arbeitet, weiss: Ohne einen Mindestkonsens geraten Teams in Widersprüche, Betroffene in Unsicherheit und das Miteinander in Instabilität. Gleichzeitig wäre eine frühe oder übermässige Reglementierung kontraproduktiv. Eine dialektische Haltung erfordert deshalb Zurückhaltung und Klarheit: Wir ziehen Grenzen spät, aber dann gut begründet, transparent und verlässlich.

Regeln sind damit weniger Vorschriften als vielmehr Aushandlungsergebnisse, die deutlich machen: Es gibt ein gemeinsames Interesse an Sicherheit, Beziehung und fairen Bedingungen (vgl. Beck et al., 1990).

2.2.1 Warum Vereinbarungen notwendig sind

In der Behandlung von Abhängigkeitserkrankungen treffen unterschiedliche Bedürfnisse aufeinander:

- Betroffene suchen Unterstützung, erleben aber oft Ambivalenz, Kontrollverlust und Scham.
- Teams müssen Abläufe und Sicherheit gewährleisten, ohne Autonomie einzuschränken.
- Institutionen tragen Verantwortung für alle Beteiligten und für den Schutz des therapeutischen Rahmens.

Vereinbarungen – ob schriftlich oder mündlich – strukturieren diese Spannungsfelder. Sie schaffen Transparenz, sichern Gleichbehandlung, bieten Orientierung und schützen die therapeutische Beziehung vor Willkür. Entscheidend ist: Es gibt keine absolute Regel, die für alle und immer passt. Jede Vereinbarung ist ein situativer Kompromiss zwischen Klarheit und individueller Passung. Der Ruf nach klaren, für alle gültigen Regeln begleitet die Suchttherapie seit ihren Anfängen – doch absolute Regeln lösen die Komplexität menschlichen Verhaltens nicht auf.

2.2.2 Regeln und Beziehung

Ein verbreitetes Missverständnis lautet, Regeln seien Zeichen von Misstrauen oder Ausdruck einer autoritären Haltung. Tatsächlich sind sie ein *Beziehungsangebot*: Sie machen Erwartungen wechselseitig sichtbar, vermeiden Missverständnisse und verhindern, dass Konflikte verdeckt ausgetragen werden. *In partizipativen therapeutischen Kontexten lässt sich dies als Aushandlungsprozess verstehen, bei dem beide Seiten berechtigte Interessen einbringen* (Binder & Brehm, 2021).

Das bedeutet auch: Regeln müssen eingebettet sein in eine partnerschaftliche Grundhaltung. Sie dürfen niemals Selbstzweck sein, sondern brauchen eine nachvollziehbare Funktion – Schutz, Orientierung, Fairness (Grawe, 2004).

Gerade in der Suchttherapie, wo Misstrauen, Scham und alte Beziehungserfahrungen eine grosse Rolle spielen, können gut begründete Vereinbarungen entlastend wirken. Sie schaffen einen Raum, in dem Vertrauen wachsen kann, weil klar ist, worauf sich beide Seiten verlassen können.

2.2.3 Psychologische Funktion von Grenzen

Grenzen haben eine psychologische Funktion, die weit über „Ordnung" hinausgeht: Sie ermöglichen Sicherheit. Menschen, die wiederholt Kontrollverlust erlebt haben, profitieren von klaren, gemeinsam entwickelten Strukturen. Grenzen signalisieren:

> „Hier ist ein Ort, an dem Verhalten Konsequenzen hat – und diese Konsequenzen sind fair, transparent und vorhersehbar."

Damit schützen Grenzen nicht die Institution, sondern schutzwürdige Interessen: die Sicherheit der Gruppe, die Würde des Einzelnen und die Verlässlichkeit des Rahmens.

Diese dialektische Funktion von Grenzen bedeutet: Sie sind nicht gegen, sondern für die Betroffenen da. Sie helfen, Ambivalenz auszuhalten und bieten Halt in Momenten, in denen der innere Konflikt zwischen Konsum und Veränderung besonders spürbar ist.

2.2.4 Universelle rote Linien und individuelle Vereinbarungen

Nicht alle Grenzen haben dieselbe Qualität. Es gibt:

- Universelle rote Linien: Gewalt, Bedrohung, Dealen oder das Verleiten anderer zum Konsum. Diese sind nicht verhandelbar, da sie Sicherheit und Würde aller schützen.
- Individuelle Vereinbarungen: z. B. Umgang mit Konsum bei fehlendem Veränderungswunsch, Ausgangsregelungen, Besuchszeiten, Mediennutzung. Diese werden individuell ausgehandelt und flexibel angepasst.

Die Kunst liegt darin, beide Ebenen zu integrieren: konsequente rote Linien und persönlichkeitssensible, verhandelbare Vereinbarungen. Das schützt vor Machtmissbrauch, stärkt die therapeutische Beziehung und erhält individuelle Autonomie.

Zudem gilt: Gleichbehandlung bedeutet nicht „für alle das Gleiche". Fairness entsteht dort, wo individuell notwendige Unterschiede bewusst zugelassen werden.

2.2.5   Risiken im Umgang mit Regeln

Vereinbarungen sind hilfreich – aber nicht ohne Risiken:

- Überregulierung: Zu viele Regeln rauben Autonomie und erzeugen Widerstand.
- Scheinsicherheit: Ein starres Regelwerk schafft nur vermeintliche Klarheit; in der Praxis braucht es situative, dialogische Entscheidungen.
- Teamzentrierte Regeln: Manche Regelungen dienen eher der Entlastung des Teams als dem therapeutischen Prozess.
- Machtmissbrauch: Regeln können ungleich oder willkürlich angewendet werden. Das zerstört Vertrauen.
- Inkonsequenz: Vereinbarungen, die nicht eingehalten werden, verlieren jede Funktion und erzeugen Verunsicherung.

Deshalb braucht es regelmässige Reflexion im Team: Welche Vereinbarungen dienen wirklich der Behandlung? Wo brauchen wir Flexibilität? Wo braucht es klare Linien – und warum?

2.2.6   Konsequenzen für die Praxis

- Begründung statt Machtausübung: Jede Vereinbarung braucht eine klare, nachvollziehbare Funktion.
- Transparenz: Vereinbarungen sollten gemeinsam erarbeitet, kommuniziert und regelmässig überprüft werden.
- Partizipation: Betroffene sollten aktiv beteiligt sein; das stärkt Selbstwirksamkeit und Beziehung.
- Flexibilität: Vereinbarungen dürfen verändert werden, wenn sie ihre Funktion verlieren.
- Verlässlichkeit: Wenn Grenzen oder Linien vereinbart sind, müssen sie klar und konsistent eingehalten werden – sonst verlieren sie ihre Bedeutung.

▶ Gut begründete, gemeinsam getragene Vereinbarungen bewahren Autonomie, schaffen Orientierung und stärken Beziehung – sie schützen Freiräume, nicht Institutionen.

2.3 Therapeutische Beziehungen

Professionelle Beziehungsgestaltung geschieht nie im luftleeren Raum. Sie ist eingebettet in ein Team, in strukturelle Vorgaben, in Erwartungen der Institution – und zugleich geprägt durch die Haltung und Persönlichkeit der einzelnen Fachperson. Gerade im Umgang mit Menschen mit Abhängigkeitserkrankungen sind diese Kontexte entscheidend: Nähe, Vertrauen und Individualität müssen mit Klarheit, Rollensicherheit und Grenzen in Einklang gebracht werden.

Eine tragfähige therapeutische Allianz sagt bessere Ergebnisse und längere Verweildauer im Hilfesystem voraus. Sie entsteht durch gemeinsame Zielarbeit, verlässliche Absprachen und konsistente Beziehungsgestaltung (Flückiger et al., 2018; Meier et al., 2005; Meier et al., 2006; Miller & Rollnick, 2013; Hogue et al., 2006). Damit wird deutlich: Beziehung ist kein „weicher" Kontextfaktor, sondern ein zentraler Wirkmechanismus, über den Veränderung überhaupt erst möglich wird (Grawe, 2004).

2.3.1 Rollenklarheit im multiprofessionellen Kontext

In Einrichtungen der Suchthilfe wirken verschiedene Berufsgruppen zusammen – Pflege, Sozialarbeit, Psychotherapie, Medizin, Peer-Begleitung, Spezialtherapien, Hauswirtschaft, Administration. Alle tragen zur Beziehungsgestaltung bei, aber aus unterschiedlichen Rollen heraus. Diese unterscheiden sich z. B. in Bezug auf:

- Auftrag (beispielsweise Beziehungsarbeit vs. medizinische Überwachung),
- Nähe und Distanz (z. B. Alltagsbegleitung vs. therapeutische Sitzung),
- Interventionsmöglichkeiten (z. B. Gespräch, Konsequenzen ziehen, Medikamentengabe, Gruppenleitung).

Rollenkonflikte entstehen oft, wenn Erwartungen unklar oder widersprüchlich sind – etwa wenn eine Bezugsperson gleichzeitig emotionale Unterstützung geben und Konsequenzen umsetzen soll. Hier ist Teamabstimmung essenziell, ebenso wie eine offene Gesprächskultur, in der Spannungen benannt werden dürfen.

2.3.2 Nähe und Distanz: Beziehung braucht Haltung

Professionelle Nähe ist nicht dasselbe wie persönliche Nähe. Es geht nicht darum, „freundschaftlich" zu sein, sondern emotional verfügbar, echt, präsent – ohne sich selbst zu verlieren. Nähe ist für viele Menschen mit Abhängigkeitserkrankungen ambivalent: oft mit Sehnsucht besetzt, aber auch mit Verletzungserfahrungen verbunden. Professionelle Beziehungsgestaltung muss das aushalten und mit einer bewussten Haltung gestalten.

Distanz bedeutet nicht Kälte oder Desinteresse – sondern Selbstschutz, Reflexionsfähigkeit und das Wahrnehmen der eigenen Grenzen. Wer Nähe zulässt, muss auch die Fähigkeit zur Distanz haben, um in belastenden Situationen nicht in Mitleid oder Hilflosigkeit zu geraten.

Der Kern von Sucht ist oft nicht die Substanz, sondern das Fehlen von tragenden zwischenmenschlichen Verbindungen. Nähe schafft Sicherheit und Zugehörigkeit. Unser Ansatz im Team sollte mehr als nur Abwesenheit von Substanz bedeuten – es muss echte Verbindung in der Gemeinschaft geben, z. B. durch gemeinsame Rituale, Peer-Unterstützung, offene Gespräche im Alltag.

2.3.3 Zusammenarbeit im Team: Beziehung ist gemeinsame Aufgabe

Beziehungsgestaltung ist kein individuelles Projekt, sondern eine kollektive Verantwortung. Das bedeutet:

- Transparente Kommunikation im Team: Was wurde bereits versucht? Welche Beziehungsgeschichte besteht?
- Konsistenz im Umgang: Menschen mit Abhängigkeitserkrankungen spüren schnell Widersprüche – klare, abgestimmte Haltungen schaffen Sicherheit.
- Teams, die echte Verbindung untereinander fördern, wirken wie Behandlungen: Sie stärken das Gefühl, dazuzugehören. Daher sollten wir regelmässige Team-Reflexionen zur emotionalen Atmosphäre integrieren – etwa kurze Ritualsitzungen vor oder nach der Schicht.
- Supervision und kollegialer Austausch: Reflexion entlastet, stärkt und schützt vor emotionaler Erschöpfung. Regelmässige, strukturierte klinische Supervision im Suchtkontext verbessert Versorgungsqualität, unterstützt Teamkohärenz und schützt Mitarbeitende (SAMHSA, , 2014, , 2019).
- Peer-Unterstützung stärkt Aktivierung, Zielarbeit und Verbleib im System. Die Evidenz zeigt Nutzen bei gleichzeitig heterogener Studienqualität – sinnvoll ist eine klare Rollenbeschreibung und Struktur (Reif et al., 2014; Bassuk et al., 2016).

▶   Beziehung entsteht nicht durch Einzelpersonen, sondern durch ein abgestimmtes Team: klare Rollen, konsistente Haltungen und echte menschliche Präsenz schaffen mehr Sicherheit als jede Intervention für sich.

Anna

Annas Mann beobachtet seit einigen Monaten, dass sie schlechter schläft. Sie liegt lange wach, steht früh auf, wirkt tagsüber müde und gereizter als früher. Seine Sorge formuliert er direkt, aber ohne Vorwurf:

„Du wirkst in letzter Zeit irgendwie erschöpft."

Anna zuckt die Schultern. Für sie klingt der Satz wie eine Kritik, nicht wie Fürsorge. Ein vertrautes Muster: Sie hört Erwartung, wo eigentlich Sorge gemeint ist. Als er vorschlägt, „mal jemanden draufschauen zu lassen", reagiert sie impulsiv: „Dann geh ich halt mal irgendwohin, wenn dir das lieber ist."

Der Satz ist Abwehr und Rückzug zugleich. Er beendet das Gespräch, löst aber nichts. Am nächsten Tag vereinbart sie einen Termin bei ihrer Hausärztin – nicht aus Einsicht, sondern um die Spannung zwischen ihnen zu entschärfen.

Die Hausärztin kennt Anna seit Jahren. Sie nimmt die geschilderte Müdigkeit ernst, fragt nach Belastungen, nach Schlaf, nach körperlichen Beschwerden. Als es um Alkohol geht, wird Anna vage. Nicht lügend, sondern ausweichend, mit dem kurzen inneren Rückzug, der immer dann kommt, wenn sie sich beschämt fühlt.

Die Ärztin schlägt eine stationäre psychosomatische Rehabilitationsbehandlung vor.

Zuweisungsdiagnose: **Erschöpfungsdepression mit sekundären Anpassungsproblemen.**

Anna stimmt zu. Nicht, weil sie Hilfe sucht, sondern weil der Druck in der Beziehung und in ihr selbst zu gross geworden ist.

Der Aufnahmeprozess in der Reha-Klinik beginnt mit einem Gespräch mit einer Pflegefachperson.

Sie setzt sich nicht frontal, sondern leicht seitlich – eine Haltung, die Orientierung und Sicherheit vermittelt.

Sie beginnt nicht mit Fragen, sondern mit einem entlastenden Satz:

„Was müsste heute gesagt werden, damit Sie merken, dass es hier nicht um Schuld oder Versagen geht?"

Anna ist irritiert, aber der Ton ist anders als erwartet.

Sie erzählt stockend von Müdigkeit, innerer Unruhe, der Leere seit dem Auszug der Kinder.

Die Pflegefachperson fasst behutsam zusammen:

„*Es klingt, als hätten Sie sehr viel allein getragen, ohne dass jemand das wirklich gesehen hat.*"

Der Satz wirkt. Nicht sentimental, aber präzise. Anna nickt – ein Moment von echtem Kontakt.

Die Pflege bietet an, die ersten Tage gemeinsam zu strukturieren:

„*Wir schauen zusammen, was Ihnen gut tut und was eher belastet. Sie müssen das hier nicht allein sortieren.*"

Für Anna ist das ungewohnt. Sie kennt Beziehung eher als Anpassungsleistung, nicht als unterstützenden Rahmen.

Noch am selben Tag erhält Anna ein Angebot für Ergotherapie:

„*Nicht als Zusatz, sondern als Entlastung. Bevor wir tiefer gehen, schauen wir gemeinsam auf Ihren Alltag und das, was Sie stärkt.*"

Die Ergotherapeutin arbeitet mit einer Fluss-Metapher: Strömungen, Steine, Uferbereiche.

Anna beschreibt Routinen, Belastungen, Orte der Ruhe.

Sie spricht über ihren früheren Garten, über Ordnung im Haushalt, und darüber, wie sehr sie es vermisst, gebraucht zu werden.

Auf die Frage:

„*Wenn Sie diesen Fluss anschauen – was fehlt Ihnen heute am meisten?*"

antwortet sie nach längerem Nachdenken:

„*Dass jemand merkt, wenn es mir nicht gut geht.*"

Die Ergotherapeutin hält den Moment:

„*Und hier müssen Sie das nicht verbergen.*"

Ein einfacher Satz – aber er schafft genau den Raum, den Anna lange nicht hatte.

In der interprofessionellen Kurzbesprechung notiert die Pflege:

- *rasche Anpassungsleistung*
- *ausgeprägte Schamreaktionen*
- *hohe Übernahmeverantwortung*
- *geringe Selbstfürsorge*
- *beginnende soziale Rückzugsphänomene*

Für Anna ist die Reha an diesem Punkt noch kein „Suchtsetting".

Es ist ein Ort, an dem erstmals etwas ausgesprochen wird, das sie jahrelang überspielt hat.

Literatur

Brown, B., Lewis, N. A., & Wykes, T. (2019). Shame, self-compassion and substance use: A systematic review. *Clinical Psychology Review, 71,* 101–115.

Keltner, D., & Harker, L. (1998). The forms and functions of the nonverbal signal of shame. *Journal of Personality and Social Psychology, 75*(4), 966–977.

Luoma, J. B., Kohlenberg, B. S., Hayes, S. C., & Fletcher, L. (2007). Self-stigma in substance abuse: Development of a new measure. *Journal of Psychopathology and Behavioral Assessment, 29*(3), 231–241.

Marschall, D. E., Sanftner, J., & Tangney, J. P. (2019). The role of shame in substance use and relapse. In J. P. Tangney & R. L. Dearing (Hrsg.), *Shame and guilt* (S. 182–199). Guilford Press.

Tangney, J. P., & Dearing, R. L. (2002). *Shame and guilt.* Guilford Press.

Beck, A. T., Wright, F. D., Newman, C. F., & Liese, B. S. (1990). *Cognitive therapy of substance abuse.* Guilford Press.

Binder, N., & Brehm, J. (2021). Partizipation in therapeutischen Beziehungen: Aushandlung, Grenzen und gemeinsame Verantwortung. *Psychotherapie & Sozialwissenschaft, 23*(2), 145–162.

Grawe, K. (2004). *Neuropsychotherapie.* Hogrefe.

Miller, W. R., & Rollnick, S. (2013). *Motivational interviewing: Helping people change* (3. Aufl.). Guilford Press.

Flückiger, C., Del Re, A. C., Wampold, B. E., & Horvath, A. O. (2018). The alliance in adult psychotherapy: A meta-analytic synthesis. *Psychotherapy, 55*(4), 316–340. https://doi.org/10.1037/pst0000172

Meier, P. S., Barrowclough, C., & Donmall, M. C. (2005). The role of the therapeutic alliance in the treatment of substance misuse: A critical review of the literature. *Addiction, 100*(3), 304–316. https://doi.org/10.1111/j.1360-0443.2004.00935.x

Meier, P. S., Barrowclough, C., & Donmall, M. C. (2006). The role of the early therapeutic alliance in predicting drug treatment dropout. *Drug and Alcohol Dependence, 83*(1), 57–64. https://doi.org/10.1016/j.drugalcdep.2005.10.010

Hogue, A., Dauber, S., Stambaugh, L. F., Cecero, J. J., & Liddle, H. A. (2006). Early therapeutic alliance and treatment outcome in adolescent substance use disorder. *Journal of Consulting and Clinical Psychology, 74*(3), 511–520. https://doi.org/10.1037/0022-006X.74.3.511

Reif, S., Braude, L., Lyman, D. R., Dougherty, R. H., Daniels, A. S., Ghose, S. S., Salim, O., & Delphin-Rittmon, M. E. (2014). Peer recovery support for individuals with substance use disorders: Assessing the evidence. *Psychiatric Services, 65*(7), 853–861. https://doi.org/10.1176/appi.ps.201300244

Bassuk, E. L., Hanson, J., Greene, R. N., & Finnerty, M. (2016). Peer-delivered recovery support services for addictions in the United States: A systematic review. *Clinical Psychology Review, 50,* 92–111. https://doi.org/10.1016/j.cpr.2016.10.009

Substance Abuse and Mental Health Services Administration (SAMHSA). (2014). *TIP 52: Clinical supervision and professional development of the substance abuse counselor.* U.S. Department of Health and Human Services. https://library.samhsa.gov/sites/default/files/sma14-4435.pdf. Zugegriffen am 31.03.2026.

Substance Abuse and Mental Health Services Administration (SAMHSA). (2019). *TIP 35: Enhancing motivation for change in substance use disorder treatment.* U.S. Department of Health and Human Services. https://library.samhsa.gov/sites/default/files/tip-35-pep19-02-01-003.pdf. Zugegriffen am 31.03.2026.

Haltung, Ziele & Sprache 3

Therapie wirkt über Beziehung. Wir nutzen eine bedürfnisorientierte Erklärung für die Suchtentstehung, erkennen (auch eigene) Ausgrenzungstendenzen, klären Ziele und setzen Sprache ein – damit tragfähige therapeutische Beziehungen möglich werden.

3.1 Abhängigkeit als Suche nach innerer Balance

3.1.1 Konsistenztheorie nach Grawe und ihre Bedeutung für die Suchttherapie

Die Konsistenztheorie (Grawe, 1998, 2004) beschreibt das grundlegende menschliche Streben nach innerer Übereinstimmung: Konsistenz liegt vor, wenn Wahrnehmen, Denken, Fühlen und Handeln zu den eigenen Zielen und Werten passen; Inkonsistenz belastet, erhöht Stress und schwächt die Emotionsregulation. Für die Suchthilfe ist dieser Blick hilfreich, weil er erklärt, warum Konsum kurzfristig sinnvoll erscheint: Er wirkt wie eine Ersatzbrücke für frustrierte Bedürfnisse – und verschärft langfristig die Probleme.

Grawe formulierte vier gleichwertige psychische Grundbedürfnisse:

1. Bindung,
2. Orientierung und Kontrolle,
3. Selbstwerterhöhung/-schutz sowie
4. Lustgewinn/Unlustvermeidung.

Werden sie verlässlich erfüllt, fördert das Wohlbefinden und Resilienz; bleiben sie frustriert, steigt die Wahrscheinlichkeit für kurzfristig Entlastung bringende, langfristig aber schädlich wirkende Bewältigungsstrategien – bis hin zum Konsum von Suchtmitteln (Grawe, 1998, 2004; Flueckiger et al., 2018).

3.1.2 Die vier Grundbedürfnisse nach Grawe und ihre Relevanz für Konsumverhalten

Bindung – Nähe, Sicherheit und Zugehörigkeit
Bindung meint verlässliche Beziehungen, in denen man sich gesehen und sicher fühlt. Solche Erfahrungen stabilisieren das Stresssystem (u. a. über Oxytocin- und endogene Opioidbahnen) und vermitteln Beruhigung und Vertrauen. Fehlen sie, dominieren Einsamkeit, Misstrauen und Unsicherheit. Suchtmittel können kurzfristig Nähe simulieren (z. B. Alkohol senkt Hemmungen; Opiate erzeugen Wärme/ Verbundenheit) – langfristig fördern sie jedoch Isolation und Erosion von Unterstützung.

Praxisziel ist, gelebte Verbundenheit ohne Substanz wieder erfahrbar zu machen, idealerweise unter Einbezug von Angehörigen und alltagsnahen Bezugspersonen – gewünscht, sicher und klar abgesprochen.

Orientierung und Kontrolle – Selbstwirksamkeit und Vorhersagbarkeit
Menschen brauchen das Gefühl, Ereignisse verstehen und beeinflussen zu können. Ein tragfähiges Kontrollgefühl beruhigt das Stresssystem („HPA-Achse", s. u.); andauernder Kontrollverlust hält es aktiviert und schwächt präfrontale Impulskontrolle. In dieser Lage wirkt Konsum verführerisch: Stimulanzien geben Energie und Fokus, angstlösende Substanzen dämpfen Unruhe – subjektiv kehrt Kontrolle zurück, objektiv verengt sich das Leben um Beschaffung und Konsum.

Hilfreich sind Interventionen, die real erfahrbare Selbstwirksamkeit erzeugen: gemeinsam geplante Tagesstruktur, überschaubare Schritte, sichtbares Feedback, einfache Tools (Wochenplan, Reminder, Checklisten). Leitidee: so viel Unterstützung wie nötig, so viel Eigenverantwortung wie möglich.

Selbstwerterhöhung und -schutz – Anerkennung und innere Wertigkeit
Menschen wollen sich wirksam und respektiert erleben. Anhaltende Abwertung oder ausbleibende Erfolge fördern Scham und Resignation. Konsum setzt dem kurzfristig Gegenreize entgegen (Stimulanzien: Leistungsgefühl; Verhaltenssüchte: sofortiges Social-Reward). Neurobiologisch verstärken dopaminerge Prozesse diesen Effekt – langfristig auf Kosten natürlicher Anerkennungsquellen.

Therapeutisch braucht es echte Quellen von Anerkennung: Tätigkeiten mit klaren Kriterien für Gelingen, sichtbar gemachte Kompetenzen, differenziertes Feedback – damit Selbstwert an reale Erfahrungen gebunden ist.

Lustgewinn und Unlustvermeidung – Freude und Stress in Balance
Kurzfristig reduzieren Alkohol, Cannabis, Nikotin oder Sedativa Anspannung und Leere. Langfristig verschiebt sich das Belohnungssystem: Natürliche Freude wird entwertet, Konsumhinweise werden überwertet – Verlangen wird schon durch Hinweise getriggert. Entsprechend braucht es Re-Sensibilisierung für natürliche Belohnungen: Bewegung, kreative Tätigkeiten, bewusstes Naturerleben; dazu Schlaf, Ernährung und Tageslicht als Basis für Antrieb und Genussfähigkeit.

3.1.3   Sucht als Ausdruck von Inkonsistenz – psychologische und neurobiologische Mechanismen

Konsum reduziert Inkonsistenz scheinbar: Frustrierte Bedürfnisse werden kurzfristig moduliert, die Quelle des Mangels bleibt. Psychologisch passt dies zur Selbstmedikationshypothese (Khantzian, 1985).

- Das dopaminerge System verschiebt seine Reaktivität von der Belohnung zur Erwartung – Konsumhinweise werden aufmerksamkeitsstark, Verlangen wird antizipatorisch ausgelöst (Berridge & Robinson, 2003).
- Es entsteht eine allostatische Dysbalance: Stress steigt, Wohlbefinden sinkt; konsumiert wird zunehmend, um Unlust/Entzug zu beenden – nicht mehr, um Lust zu erzeugen (Koob & Volkow, 2010).

3.1.4   Neurobiologische Hintergründe – warum Willenskraft allein nicht reicht

Wenn Menschen über längere Zeit unter Stress stehen – sei es durch Konflikte, Belastungen oder alte traumatische Erfahrungen – reagiert der Körper darauf. Eine besonders wichtige Rolle spielt dabei die sogenannte HPA-Achse (Hypothalamus-Hypophyse-Nebennierenrinden-Achse). Sie verbindet das psychische Erleben mit körperlichen Stressreaktionen.

Bei chronischem Stress schüttet der Körper vermehrt Cortisol aus. Das ist zunächst hilfreich, wird aber bei anhaltender Belastung zum Problem. Cortisol beeinträchtigt unter anderem die Plastizität des Hippocampus – also genau jene

Strukturen, die für Gedächtnis, Orientierung und die Verarbeitung neuer Erfahrungen wichtig sind (McEwen, 2017). Parallel dazu wird die präfrontale Kontrolle, also die Fähigkeit, Impulse zu steuern, Entscheidungen abzuwägen und Ruhe zu bewahren, geschwächt. Die Amygdala, unser „Alarmzentrum", bleibt dagegen überaktiv – sie reagiert schneller, intensiver und mit weniger Unterscheidungskraft.

In diesem kämpfen Menschen gegen ein biologisch überaktiviertes Stresssystem.

Bei wiederholtem Alkoholkonsum kommt eine zweite Ebene hinzu: Das mesolimbische Dopaminsystem passt sich an. Es reagiert zunehmend nicht mehr auf den Substanzkonsum selbst, sondern schon auf Konsumhinweise – bestimmte Orte, Zeiten, Stimmungen oder innere Zustände. Gleichzeitig verändern sich glutamaterge Verschaltungen, die dafür sorgen, dass bestimmte Muster (z. B. „bei innerem Druck Alkohol") besonders tief eingeprägt werden.

Weitere Botenstoffe spielen eine Rolle:

- Serotonin beeinflusst Stimmung und Impulsivität.
- Endogene Opioide vermitteln Gefühle von Bindung, Trost und innerer Wärme.
- GABA wirkt beruhigend und sedierend.

Wenn Menschen über längere Zeit trinken, versucht das Gehirn, diese künstlichen Veränderungen auszugleichen. Es fährt eigene Systeme herunter oder stellt sie um – eine Gegenregulation, die verständlich macht, warum es ohne Substanz so schwer fällt, Gefühle zu beruhigen oder Anspannung loszulassen.

All dies führt zu einem zentralen Punkt: Willenskraft allein kann diese komplexe neurobiologische Dynamik nicht ausgleichen.

Menschen brauchen deshalb nicht nur Abstinenzziele, sondern Zugänge, die gleichzeitig an Verhalten, Gefühlen, Kognition und Neurophysiologie ansetzen – genau jene Integrationsansätze, die in der modernen Suchtbehandlung wirksam sind.

3.1.5   Therapeutische Implikationen – alternative Wege zur Bedürfnisbefriedigung

Wirksame Behandlung zielt nicht nur auf Reduktion von Konsum, sondern auf funktionale Alternativen in allen vier Bedürfnisbereichen. Bewährt ist ein integratives Vorgehen:

- Motivierende Gesprächsführung: Ambivalenzen klären, Scham vermeiden – kooperatives Arbeitsbündnis.
- Kognitive Verhaltenstherapie: Ziele in konkrete Pläne übersetzen, Skills trainieren, erlaubnisgebende Gedanken bearbeiten.
- Achtsamkeitsbasierte Verfahren: Interozeption (Wahrnehmung innerer Signale) schärfen, automatische Reaktionen auf Hinweise unterbrechen.
- Contingency Management: Positive Verstärker für konsistentes Verhalten, besonders zu Beginn.

Bedürfnisbezogen konkret (nach Grawe, 1998, 2004):

- Bindung: feste Bezugspersonen, klare Kontaktfenster, Einbezug Angehöriger (wenn gewünscht und sicher), verlässliche Absprachen.
- Orientierung/Kontrolle: überschaubare Schritte, Tagesstruktur, Fortschrittsmarker, Selbstmanagement-Tools.
- Selbstwert: Aufgaben mit sichtbarem Output, häufiges differenziertes Feedback, Stärken präzise benennen.
- Lust/Unlust: Angenehme Aktivitäten planen, Genussfähigkeit üben, Stressoren reduzieren.

Besonders in nicht-ärztlichen, nicht-psychologischen Settings: Nähe zum Alltag erlaubt Interventionen an realen Tagesroutinen; Erfolge werden dort erfahrbar, wo sie zählen.

Körperbezogene Hebel unterstützen Neuroplastizität: regelmässige Bewegung, Schlafhygiene, Ernährung, Tageslicht; ggf. Biofeedback/Atemübungen – so greifen psychologische Interventionen besser (McEwen, 2017).

3.1.6   Präventive Implikationen

Prävention stärkt konsequente Bedürfnisbefriedigung im Alltag: sichere Bindungsangebote, verlässliche Strukturen, Mitgestaltung, Anerkennung und zugängliche Freudequellen. In der Jugendarbeit: stabile Bezugspersonen, partizipative Angebote, Freizeitaktivitäten mit sozialer Eingebundenheit und Selbstwirksamkeit.

In Betrieben: transparente Rollen, Einflussmöglichkeiten, faire Anerkennung und niedrigschwellige Hilfen bei psychischer Belastung. Kommunal: Begegnungsorte, Vereine, Kultur-/Sportangebote und Beratungsstellen fördern Konsistenz und senken das Risiko problematischen Konsums.

3.1.7 Fazit

Die Konsistenztheorie lenkt den Blick hinter den Konsum: auf frustrierte Bedürfnisse und daraus entstehende Inkonsistenz. Kurzfristig schliessen Suchtmittel Lü-
cken; langfristig vergrössern sie sie. Therapie wirkt, wenn sie alternative Wege zur
Bedürfnisbefriedigung aufbaut, neurobiologische Dysbalancen berücksichtigt und
in den konkreten Lebenswelten ansetzt. Je konsistenter der Alltag – relational,
strukturell, wertbezogen und genussfähig – desto geringer die Wahrscheinlichkeit
erneuter Konsumereignisse.

▶   Sucht wird überflüssig, wenn Grundbedürfnisse verlässlich erfüllt sind.

3.2   Stigmatisierung

3.2.1   Einleitung: Soziale Ungleichheit und Sucht

Suchterkrankungen entstehen nicht im luftleeren Raum, sondern sind eng mit sozialen Lebenslagen verknüpft. Armut, Bildungsbenachteiligung und fehlende Teilhabe erhöhen nachweislich das Risiko problematischen Konsums und erschweren
den Zugang zu Hilfe. Epidemiologische Studien zeigen, dass gerade sozial benachteiligte Gruppen von höheren Erkrankungsraten und schwereren Verläufen betroffen sind – und gleichzeitig deutlich schlechtere Chancen haben, eine adäquate Behandlung zu erhalten (Schomerus et al., 2011).

Sucht ist damit nicht nur eine individuelle, sondern auch eine gesellschaftlich
strukturierte Krankheit. Wer wenig Ressourcen hat, trägt ein höheres Risiko – und
erfährt zugleich stärkere Ausgrenzung im Hilfesystem.

3.2.2   Soziale Gerechtigkeit in der Praxis

Soziale Gerechtigkeit ist daher nicht nur ein ethisches Ideal, sondern eine praktische Notwendigkeit in der Suchtbehandlung. Wer benachteiligt ist, braucht nicht
dieselbe Behandlung wie andere – sondern eine, die individuell unterstützt, kompensiert und strukturelle Hürden berücksichtigt.

Das beginnt bereits beim Zugang:

• Ist die Einrichtung barrierefrei?
• Werden Informationen in einfacher Sprache bereitgestellt?

- Gibt es kultursensible Angebote?
- Werden Angehörige mit einbezogen, die als Ressource dienen könnten?

Eine gerechte Suchtbehandlung muss diese Fragen beantworten, wenn sie nicht nur die „Angepassten" erreichen will, sondern auch jene, die in schwierigen sozialen Kontexten leben.

3.2.3 Strukturelle Stigmatisierung

Stigmatisierung meint nicht nur Vorurteile einzelner Personen, sondern ist in gesellschaftliche Strukturen eingebettet (Link & Phelan, 2001). Sie äussert sich in Gesetzen, Regeln, Institutionen und Versorgungssystemen. Beispiele sind:

- Zugangsbeschränkungen: Therapieplätze werden an Abstinenz geknüpft; bestimmte Leistungen stehen nur „geeigneten" Personen offen.
- Ungleich verteilte Ressourcen: Sozial benachteiligte Gruppen erhalten weniger Zugang zu Prävention und Früherkennung.
- Stigmatisierende Begriffe in Verwaltung und Recht („Missbrauch", „Rückfall", „Suchtkranker") stabilisieren ein defizitorientiertes Bild.

Besonders drastisch zeigt sich dies, wenn traumatherapeutische Angebote oder Burnout-Therapien nur dann zugänglich gemacht werden, wenn zuvor eine vollständige Abstinenz erreicht wurde – eine Bedingung, die bei keiner anderen psychischen Erkrankung vergleichbar gestellt wird. Dies ist eine klare Form struktureller Diskriminierung, da Hilfe vom Verhalten abhängig gemacht wird, das gerade Ausdruck der Erkrankung ist.

3.2.4 Institutionelle Hürden
und Diskriminierungserfahrungen

Auch auf der Ebene von Einrichtungen treten Hindernisse auf:

- Bürokratische Hürden: komplizierte Antragswege, starre Regeln, fehlende Übersetzungen.
- Bevormundung und Misstrauen: Betroffene erleben Behörden oder Einrichtungen als kontrollierend und abwertend.
- Ungleiches Durchsetzen von Sanktionen: Bei Arbeitslosen, Menschen mit Migrationshintergrund oder Frauen in prekären Lebenslagen greifen Strafen oft schneller.

Diese Erfahrungen verstärken das Gefühl von Ausgrenzung und führen zu späterem Zugang und häufigeren Therapieabbrüchen.

3.2.5 Selbststigmatisierung

Stigmatisierung wirkt nicht nur von aussen, sondern wird auch verinnerlicht. Wer immer wieder hört, er oder sie sei „schwach", „unzuverlässig" oder „selbst schuld", übernimmt solche Zuschreibungen leicht ins Selbstbild (Link & Phelan, 2001). Studien belegen, dass internalisiertes Stigma Motivation und Zuversicht in die Behandlung deutlich senkt (Schomerus et al., 2011).

Auch Sprache trägt dazu bei: Wenn Betroffene als „Rückfällige" oder „schwierig" bezeichnet werden, fühlen sie sich abgewertet. Ebenso problematisch ist das Lob nach dem Muster „er oder sie macht es gut" – weil es Leistung und Kontrolle in den Vordergrund stellt, statt die Bemühungen und Belastungen realistisch zu würdigen. Krankheitsverläufe sind nur bedingt steuerbar. Therapeutisch angemessener ist es, die Anstrengungen der Patient:innen anzuerkennen, nicht ihre „Leistung".

3.2.6 Systemische Perspektive

„Behandlungsverweigerung" oder vermeintliche „Unmotiviertheit" sind häufig Folgen wiederholter Ausschlusserfahrungen. Wer immer wieder auf strukturelle Barrieren trifft, verliert Hoffnung und zieht sich zurück.

Suchthilfe kann hier als Gegenpol wirken: indem sie Räume schafft, in denen Menschen trotz „Abweichung vom Raster" aufgenommen werden, Anerkennung erfahren und echte Teilhabe erleben.

3.2.7 Therapeutische Konsequenzen

Therapeutisch wirksame Arbeit bedeutet auch, institutionelle Machtverhältnisse zu reflektieren. Es geht darum, die Bedingungen so zu gestalten, dass möglichst viele Menschen erreicht werden – auch jene, deren Lebensweg nicht linear, deren Ausdrucksweise nicht akademisch, deren Verhalten nicht immer angepasst ist.

Für die Praxis heisst das:

- Haltungsarbeit: Suchtbehandelnde müssen sich der Machtstrukturen bewusst sein, in denen sie selbst wirken.
- Empowerment: Teilhabeorientierte Ansätze, die Betroffenen Handlungsspielräume und Entscheidungsfreiheit eröffnen, wirken entstigmatisierend.
- Health Literacy und Aufklärung: Niederschwellige Information kann Vorurteilen vorbeugen und Selbststigmatisierung entgegenwirken.
- Reflexion von Sprache und Konzepten: Abkehr von defizitorientierten Begriffen, Sensibilität auch in Dokumentationen und Berichten.
- Beziehungsorientierter Umgang, menschlich gleichberechtigt: Auch in schwierigen sozialen Kontexten tragfähige therapeutische Beziehungen aufzubauen, ist zentral.

▶ Strukturelle Stigmatisierung verstärkt Abhängigkeit und behindert Genesung – Entstigmatisierung, Empowerment und soziale Gerechtigkeit sind selbst therapeutische Interventionen.

3.3 Therapieziele

Eine Aufgabe der Therapie ist es, gemeinsam mit Patient:innen klare, sinnvolle und erreichbare Ziele zu formulieren. Ziele sind kein äusserer Sollzustand, sondern Ausdruck innerer Orientierung und Selbstklärung. Sie geben Struktur und machen Fortschritte sichtbar – für Team und Betroffene (Locke & Latham, 2002; Elwyn et al., 2012).

3.3.1 Zielformulierung

Gute Ziele in der Suchtbehandlung sind individuell, konkret und überprüfbar. Sie beschränken sich nicht auf Abstinenz oder Konsummengen, sondern beziehen immer auch soziale, berufliche, psychische und körperliche Bereiche mit ein. Alltagsnahe Ziele wie „die Wohnung behalten", „den Kontakt zur Tochter stabilisieren" oder „Vortragsangst besser bewältigen" sind häufig hilfreicher als abstrakte Vorgaben.

Für die Formulierung solcher Ziele hat sich der SMART-Ansatz bewährt. SMART bedeutet, dass Ziele

*S*pezifisch (klar beschrieben),
*M*essbar (überprüfbar),
*A*ttraktiv bzw. akzeptiert (für die Patientin sinnvoll),
*R*ealistisch (machbar), und
*T*erminiert (an eine Zeitspanne gebunden)

formuliert werden.

Damit Ziele nicht nur formuliert, sondern auch bewertet werden können, nutzen viele Teams ergänzende Verfahren wie das Goal Attainment Scaling – eine systematische Methode, die den Fortschritt entlang einer Skala definiert und dokumentiert (Bovend'Eerdt et al., 2009; Kiresuk & Sherman, 1968).

Ziele sollen weder überfordern noch trivialisieren. Ein schrittweises Vorgehen mit Zwischenzielen, angepasst an Motivation und Fähigkeiten, ist zentral. Gerade bei langjährigem Konsum oder multiplen Problemlagen sind kleine, erreichbare Schritte entscheidend (Levack et al., 2015; Locke & Latham, 2002).

Ziele werden nicht für, sondern mit Patient:innen festgelegt. Das erfordert Zeit, Dialog und eine wertschätzende Haltung. Shared Decision Making stärkt Autonomie und Selbstwirksamkeit und verbessert die Zielbindung (Elwyn et al., 2012).

Auch „kleine Ziele" – Tagesstruktur einhalten, Hilfen annehmen, neue Verhaltensweisen erproben – verdienen Beachtung. Sie bilden die Grundlage für weiterführende Veränderungen (Levack et al., 2015).

Ziele sind nicht statisch. Sie können sich ändern – durch neue Einsichten, Krisen oder äussere Umstände. Pläne werden deshalb regelmässig gemeinsam überprüft und angepasst (Elwyn et al., 2023).

Auch Ziele des Behandlungsteams sollten transparent sein: Wozu dient eine Regel, eine Intervention, ein Setting? Offenheit schafft Vertrauen und trägt zu einer tragfähigen Allianz bei (Montori et al., 2023).

3.3.2 Zieloffene Suchtarbeit

Zieloffene Suchtarbeit (ZOS) meint: Wir arbeiten an der Veränderung des Konsums – auf das Ziel hin, das die Person selbst setzt: Abstinenz, Reduktion oder Schadensminderung. Abstinenz bleibt jederzeit als Option offen. Zielwechsel sind möglich (Körkel, 2014; Körkel & Nanz, 2016).

ZOS ist mehr als eine „offene Haltung". Es ist kein Freifahrtschein zum Konsum und nicht gleichbedeutend mit nur „akzeptierend" oder „niedrigschwellig" arbeiten. ZOS verlangt klare Zielvereinbarungen, Monitoring und Konsequenz im Vorgehen (Körkel, 2023).

Praktisch heisst das: systematische Ziel- und Konsumabklärung, Wahlfreiheit der Zielrichtung, Kontrakte, Konsumtagebuch, regelmässige Bilanz und Anpassung. Hilfreich sind strukturierende Materialien wie der Kartensatz zur systematischen Konsum- und Zielabklärung (Körkel & Nanz, 2017).

In der Schweiz wird ZOS zunehmend erprobt – auch stationär. Kliniken berichten über konkrete Umsetzungsschritte (z. B. klare Sprache, kein moralischer Druck, definierte Konsumregeln, Rückfallmanagement) und stellen Erfahrungen an Fachtagungen vor (Kemter, 2024; Zahs et al., 2024).

Zieloffene Suchtarbeit akzeptiert unterschiedliche Zielvorstellungen. Nicht alle streben sofortige Abstinenz an; manche wünschen Schadensminderung oder Reduktion. Auch der Wunsch nach Nichtveränderung wird ernst genommen, um im Dialog zu bleiben (Myers et al., 2025).

▶   Es sind die Ziele der Betroffenen, die zählen.

3.4   Aus Worten werden Taten

Sprache ist in der Suchthilfe nie Nebensache. Sie beeinflusst, wie wir Betroffene sehen, wie wir Situationen bewerten und welche Entscheidungen wir treffen. Worte können Hoffnung geben oder entmutigen, Vertrauen fördern oder zerstören. Gerade in der Arbeit mit Menschen, die oft schon viele Abwertungen erlebt haben, ist es entscheidend, Sprache bewusst einzusetzen.

3.4.1   Sprache schafft Wirklichkeit

Viele Begriffe in der Suchtarbeit sind historisch gewachsen – und oft mit stigmatisierenden Bildern aufgeladen. Wer von „Süchtigen", „Co-Abhängigen" oder „Therapieresistenz" spricht, transportiert ungewollt Zuschreibungen von Schwäche, Schuld oder Disziplinlosigkeit. Solche Worte wirken wie Etiketten, die Menschen auf bestimmte Rollen festlegen (Goffman, 1963).

Wer von einem „Rückfall" spricht, setzt einen Rahmen von Scheitern und Versagen. Wer von einem „Konsumereignis" spricht, betont den Prozesscharakter und eröffnet Lernmöglichkeiten (Kelly et al., 2015; SAMHSA, 2019). Schon kleine Unterschiede in der Wortwahl können die Haltung gegenüber Betroffenen prägen.

Auch Metaphern wirken: Spricht man von einem „Kampf gegen die Sucht", klingt das nach Sieg oder Niederlage. Spricht man von einem „Weg aus der Abhängigkeit", betont das Prozess und Entwicklung (Thibodeau & Boroditsky, 2011).

Worte beschreiben nicht einfach, was ist – sie strukturieren, wie wir Therapie und Veränderung denken (Berger & Luckmann, 1966). Umso bedeutsamer ist eine reflektierte, möglichst wertfreie Sprache. Statt „Rückfall" sprechen wir bewusst von „Konsumereignissen", statt „Missbrauch" von „riskantem Konsum", statt „austherapiert" von „im Moment nicht erreichbar für Veränderung". Diese Verschiebung ist nicht kosmetisch, sondern Ausdruck einer Haltung: Wir begegnen Menschen nicht als Diagnosen, sondern als Subjekten mit Geschichte, Motivation und Potenzial.

3.4.2 Etiketten, Bewertungen und Sprache im Alltag

Etiketten haben Macht. Der Begriff „Alkoholiker" reduziert eine Person auf ihre Erkrankung. Die Formulierung „Person mit Alkoholgebrauchsstörung" stellt die Person in den Mittelpunkt (Kelly & Westerhoff, 2010). Studien zeigen: Fachpersonen reagieren mitfühlender und weniger strafend, wenn sie eine personenzentrierte Sprache verwenden (NIDA, 2021).

Auch in der Dokumentation und in Teamgesprächen prägen Worte die Haltung. Formulierungen wie „Patientin XY war uneinsichtig" transportieren eine Bewertung. Neutraler ist: „Patientin XY lehnte das Gespräch ab". Ebenso ist die verbreitete Wendung „er/sie macht es gut" kritisch. Sie klingt wie eine Leistungsbewertung. Hilfreicher ist es, den Einsatz oder die Anstrengung zu würdigen: „er/sie zeigte grosse Bemühungen" – ohne den Eindruck zu erwecken, Therapie sei lediglich eine Frage von Leistung.

Auch scheinbar neutrale Begriffe sind problematisch. So findet sich im Alltag oft die Rede von „sauberen" oder „nicht sauberen" Tests. Diese Sprache wertet moralisch. Neutraler und respektvoller sind Begriffe wie „auffälliger Befund" oder „negativer Befund". So wird die Information klar transportiert, ohne das Stigma zu verstärken.

3.4.3 Von Widerstand zu Ambivalenz

Ein weiteres Beispiel ist der Begriff „Widerstand". In vielen Berichten oder Teamsitzungen taucht er auf, wenn Patient:innen nicht sofort in der erwarteten Weise kooperieren. Das Wort unterstellt, Betroffene handelten bewusst oder unbewusst entgegen der Therapieziele. Tatsächlich steckt oft etwas anderes dahinter: Scham, Angst, Überforderung oder Ambivalenz. Wer hier von „Widerstand" spricht, unterstellt eine destruktive Motivation, wo vielmehr Schutzstrategien oder nachvollziehbares Zögern vorliegen. Eine Sprache, die Ambivalenz oder Schutz benennt, fördert Verständnis statt Abwertung.

3.4.4   Dialogische Sprache

Therapeutische Sprache ist nie neutral. Sätze wie „Sie müssen abstinent bleiben" stellen Hierarchie und Kontrolle in den Vordergrund. Offene, dialogische Formulierungen wie „Wie stellen Sie sich Ihren Weg vor?" stärken Selbstwirksamkeit und Kooperation (Horne et al., 2005; WHO, 2003). Heute spricht man nicht mehr von „Compliance" (Gehorsam), sondern von „Adhärenz" oder „Konkordanz" – gemeinsam vereinbarte Ziele, die Eigenverantwortung und Partnerschaft betonen.

Sprache im Team sollte regelmässig reflektiert werden. Denn nicht nur im Kontakt mit Betroffenen, sondern auch in Dokumentationen und Übergaben werden Haltungen sichtbar. Eine wertschätzende Sprache fördert Zusammenarbeit und verhindert, dass Scham verstärkt wird.

3.4.5   Praktische Konsequenzen

Für den Alltag bedeutet das:

- Person-first Sprache verwenden (z. B. „Person mit …" statt Etikett).
- Negative Labels vermeiden („Test sauber/unsauber" → „Test auffällig/unauffällig").
- Konsum nicht moralisch werten („Konsumereignis" statt „Rückfall").
- Offene Fragen nutzen, die Zusammenarbeit fördern.
- Sprache in Dokumentationen regelmässig überprüfen.
- Präferenzen der Betroffenen respektieren, wenn sie eigene Begriffe wählen.

▶   Sprache ist ein therapeutisches Werkzeug – sie kann stigmatisieren und beschämen oder entlasten und motivieren.

3.5   Exkurs: Sprache bewusst wählen – Glossar für die Praxis

Dieses Glossar (Tab. 3.1) soll dabei helfen, die Sprache in der Begleitung von Menschen mit Abhängigkeitserkrankungen bewusster zu wählen. Viele Begriffe, die im Alltag oder sogar im Fachkontext verwendet werden, sind historisch gewachsen und können stigmatisierend wirken. Unsere Wortwahl beeinflusst, wie Menschen sich selbst erleben – und wie sie unsere Haltung wahrnehmen. Verwenden wir deshalb Begriffe, die sachlich, respektvoll und nicht urteilend sind. Und wenn Sie unsicher sind: Fragen Sie Betroffene, wie sie bezeichnet werden möchten.

Tab. 3.1 Sprache bewusst einsetzen

Statt …	Besser …	Begründung
Süchtiger/Junkie	Person mit Abhängigkeitserkrankung	Person zuerst – reduziert stigmatisierende Zuschreibungen
Alkoholiker	Person mit Alkoholabhängigkeit	Vermeidet einseitige Zuschreibung, anerkennt Erkrankung
Rückfall	Konsumereignis/ Wiederaufnahme des Konsums	neutraler, weniger dramatisierend
Missbrauch	nicht-medizinische Nutzung/ riskanter Konsum	wertfreier, medizinisch genauer
Austherapiert	aktuell nicht erreichbar für Veränderung	vermeidet Endgültigkeit, betont Entwicklungsmöglichkeiten
sauber/nicht sauber	auffälliger/unauffälliger Befund	neutral und sachlich, ohne moralischen Gehalt
Therapieverweigerung	Zweifel/Ambivalenz/ zögerliches Verhalten	eröffnet Verständnismöglichkeiten
Co-Abhängigkeit	nahestehende Person in belasteter Beziehung	vermeidet Pathologisierung Angehöriger
Schlechte Compliance	geringe Beteiligung/Distanz zur Behandlung	Fokus auf Beziehung statt Bewertung
Gewohnheit	riskantes oder dysfunktionales Konsumverhalten	vermeidet Verharmlosung
Suchtdruck	Konsumverlangen / innerer Impuls zum Konsum	„Suchtdruck" wirkt verdinglichend und unspezifisch. Alternativen sind beschreibender und fördern Selbstwirksamkeit
Widerstand	Zweifel/Bedenken/ambivalente Haltung	vermeidet die Unterstellung unbewusster destruktiver Motive und benennt Schutzstrategien oder Ambivalenz
„macht es gut"	zeigt Bemühungen/ Anstrengungen	würdigt Einsatz statt Leistung; vermeidet bewertende Formulierungen
Pseudokompetent	demonstriert vordergründige Kontrolle/Oberfläche	beschreibt Verhalten ohne Abwertung
Fassadär	wirkt nach aussen stabil	neutralere Formulierung für starkes Anpassungsverhalten
Verweigerung	zögerliches Verhalten/ Unentschlossenheit	weniger moralisch wertend
Crackhead / Meth-Head	Person mit Stimulanziengebrauch	vermeidet beleidigende, abwertende Bezeichnungen
Drehtürpatient	Person mit wiederholten Therapieabbrüchen	vermeidet abwertende Systemkritik – respektiert individuelle Dynamik

Anna

In den ersten Tagen der Reha wird deutlich, dass Annas Erschöpfung nicht allein mit der aktuellen Lebensphase zusammenhängt. In den Gesprächen mit der Psychotherapeutin öffnet sich langsam ein Blick auf ihre Herkunft. Anna beschreibt ihr Elternhaus vorsichtig: „Wir haben nie gestritten – wir haben uns eher angeschwiegen." Erst nach und nach zeigt sich, was hinter diesem Satz steckt. Der Vater trank regelmässig; an manchen Abenden war er laut, abwertend oder unberechenbar. Die Mutter war überfordert und zeitweise selbst instabil, phasenweise depressiv, phasenweise resigniert. Für Anna bedeutete das: wenig Schutz, viel Unsicherheit – und früh das Gefühl, dass sie funktionieren muss, um das Familiensystem stabil zu halten.

Die Therapeutin fasst es einmal so: „Sie mussten als Kind oft die Stimmung im Raum erfassen, bevor Sie wussten, was Sie selbst brauchen." Anna nickt. Es ist kein dramatischer Moment, aber ein stiller, treffender. In der Exploration werden unbefriedigte Grundbedürfnisse sichtbar: Nähe war unzuverlässig, Autonomie wurde früh eingeschränkt, Wertschätzung gab es vor allem für Anpassung, und Affekte durften kaum Platz haben. Anna beginnt zu verstehen, dass ihr heutiges Muster – Rückzug, Überanpassung, innere Alarmbereitschaft – nicht erst im Erwachsenenleben entstanden ist.

Parallel tauchen Hinweise auf traumabezogene Belastungen auf, jedoch lange nicht so deutlich, dass sie sofort als PTSD erkennbar wären. Anna berichtet von wiederkehrenden Albträumen, die sie „irgendwie an früher erinnern", ohne klare Szenen. Sie beschreibt körperliche Reaktionen bei lauten Stimmen oder überraschender Nähe: Herzklopfen, ein Gefühl von Erstarren, ein „klein werden". Vieles davon hat sie nie in Verbindung zu ihrer Biografie gebracht; sie erklärt es sich seit Jahren als „Empfindlichkeit". Die Therapeutin fragt: „Gibt es Situationen, in denen Ihr Körper schneller reagiert als Sie verstehen, warum?" Anna sagt: „Ja… und ich schäme mich jedes Mal dafür."

Dieser Satz zeigt etwas Wichtiges: Anna interpretiert ihre Reaktionen nicht als Folge früher Belastungen, sondern als persönliches Versagen. Selbststigmatisierung ist ihr vertraut: Sie hält ihre Anspannung, ihre Unsicherheit, ihre Rückzugstendenzen für Charakterschwächen. Dass diese Reaktionen einen nachvollziehbaren Ursprung haben könnten, ist für sie ein neuer Gedanke – und entlastend.

Wenn sie später über Alkohol spricht, sagt sie nicht, dass sie sich berauschen wollte. Sie sagt: „Ich wollte einfach, dass es in mir kurz still wird." Im therapeutischen Gespräch wird deutlich, dass der Alkohol nicht Ausdruck von Lust ist, sondern ein Versuch, alte innere Anspannung zu beruhigen – Anspannung, die ihren Ursprung in früher Unsicherheit und Beschämung hat. Die Therapeutin formuliert behutsam: „Vielleicht beruhigen Sie etwas, das sehr viel älter ist als die Situation von heute." Anna antwortet: „Es ist oft so laut in mir."

Im interdisziplinären Team wird klar, dass ein sofortiger abstinenzorientierter Fokus zu früh wäre. Solange Scham und Selbstabwertung so dominant sind, würde jede Forderung wie ein Angriff wirken. Die Pflege sagt: „Sie übersetzt alles, was wir anbieten, sofort in Selbstkritik. Wir müssen erst verstehen, wovor sie sich schützt." Die Psychotherapeutin ergänzt: „Wenn der Alkohol wegfallen soll, braucht es zuerst innere Orientierung – sonst bleibt nur Leere."

In einer interprofessionellen Sitzung, an der Anna aktiv teilnimmt, werden erste Ziele gemeinsam formuliert. Anna sagt: „Ich möchte verstehen, warum es so schnell eng wird in mir." Andere Ziele schliessen an: frühe Anzeichen von Überforderung erkennen, Alternativen zur Entspannung am Abend finden, wieder spüren, was ihr gut tut, und lernen, jemanden anzusprechen, bevor alles zusammenzieht. Die Bewegungstherapie schlägt erste körperbezogene Regulationen vor, die Ergotherapie knüpft an Ressourcen im Alltag an, und die Pflege bietet eine wertfreie Begleitung bei der Wahrnehmung innerer Signale an. Für Anna fühlt sich das erstmals nicht nach Druck an.

Kurz darauf kommt es zu einem Konsumereignis, das den weiteren Verlauf prägt. Nach einem Telefonat mit ihrem Mann – er sagt beiläufig, dass er den Besuch am Wochenende nicht einrichten kann, „es passt einfach nicht" – fühlt Anna sich erneut zurückgesetzt. Der Satz trifft eine alte Wunde. Sie zieht sich zurück, geht spazieren, kauft impulsiv eine kleine Flasche Wein und trinkt sie heimlich im Zimmer. Eine Pflegefachperson bemerkt ihre Veränderung später am Abend, spricht sie ruhig an, ohne moralischen Ton. Anna sagt erschöpft: „Ich wollte nur, dass es kurz aufhört."

Im Team wird nicht der Alkohol in den Mittelpunkt gestellt, sondern die Dynamik: der Trigger, die alte Scham, das automatische Regulieren. Die Therapeutin beschreibt es so: „Es war kein Versagen. Es war ein altes Muster – und ein Hinweis, dass wir genauer hinschauen müssen." Für Anna wird erstmals spürbar, dass ihr Konsum nicht nur Gewohnheit ist.

Das Team schlägt vor, den Schwerpunkt der Behandlung in die suchttherapeutische Abteilung der Reha-Klinik zu verlagern. Nicht als Strafe, sondern als logische Fortsetzung des therapeutischen Prozesses. Anna stimmt zu – vorsichtig, aber nachvollziehbar.

Literatur

Berger, P. L., & Luckmann, T. (1966). *The social construction of reality*. Anchor/Doubleday.

Berridge, K. C., & Robinson, T. E. (2003). Parsing reward. *Trends in Neurosciences, 26*(9), 507–513.

Bovend'Eerdt, T. J. H., Botell, R. E., & Wade, D. T. (2009). Writing SMART rehabilitation goals and achieving goal attainment scaling: A practical guide. *Clinical Rehabilitation, 23*(4), 352–361. https://doi.org/10.1177/0269215508101741

Elwyn, G., Frosch, D., & Thomson, R. (2012). Shared decision making: A model for clinical practice. *Journal of General Internal Medicine, 27*(10), 1361–1367. https://doi.org/10.1007/s11606-012-2077-6

Elwyn, G., Price, A., & Montori, V. M. (2023). The limits of shared decision making. *BMJ Evidence-Based Medicine, 28*(4), 218–223. https://doi.org/10.1136/bmjebm-2022-111998

Flueckiger, C., Grosse Holtforth, M., & Grawe, K. (2018). The role of needs satisfaction in successful psychotherapy. *Clinical Psychology & Psychotherapy, 25*, e83–e93.

Goffman, E. (1963). *Stigma: Notes on the management of spoiled identity*. Prentice-Hall.

Grawe, K. (1998). *Psychologische Therapie*. Hogrefe.

Grawe, K. (2004). *Neuropsychotherapie*. Hogrefe.

Horne, R., Weinman, J., Barber, N., Elliott, R., & Morgan, M. (2005). *Concordance, adherence and compliance in medicine taking*. NCCSDO.

Kelly, J. F., & Westerhoff, C. M. (2010). Does it matter how we refer to individuals with substance-related conditions? *International Journal of Drug Policy, 21*(3), 202–207.

Kelly, J. F., Wakeman, S. E., & Saitz, R. (2015). Stop talking 'dirty': Clinicians, language, and quality of care. *American Journal of Medicine, 128*(1), 8–9.

Kemter, A. (2024, Juni). ZOS – Was ist das überhaupt? Vortrag auf der 3. Münsterlinger Tagung Suchttherapie, Münsterlingen, Schweiz. Programmheft.

Khantzian, E. J. (1985). The self-medication hypothesis of addictive disorders: Focus on heroin and cocaine dependence. *American Journal of Psychiatry, 142*(11), 1259–1264.

Kiresuk, T. J., & Sherman, R. E. (1968). Goal attainment scaling: A general method for evaluating comprehensive community mental health programs. *Community Mental Health Journal, 4*(6), 443–453. https://doi.org/10.1007/BF01530764

Koob, G. F., & Volkow, N. D. (2010). Neurocircuitry of addiction. *Neuropsychopharmacology, 35*, 217–238.

Körkel, J. (2014). Das Paradigma Zieloffener Suchtarbeit: Jenseits von Entweder–Oder. *Suchttherapie, 15*(4), 165–173. https://doi.org/10.1055/s-0034-1390499

Körkel, J. (2023). Zieloffene Suchttherapie – ein patientenorientierter Ansatz. *Suchtmedizin, 25*, 8–9.

Körkel, J., & Nanz, M. (2016). Das Paradigma Zieloffener Suchtarbeit. In akzept e.V., Deutsche AIDS-Hilfe & JES-Bundesverband (Hrsg.), *3. Alternativer Drogen- und Suchtbericht 2016* (S. 196–204). Pabst Science Publishers.

Körkel, J., & Nanz, M. (2017). *Kartensatz zur systematischen Konsum- und Zielabklärung*. Institut für innovative Suchtbehandlung und Suchtforschung (ISS).

Levack, W. M. M., Weatherall, M., Hay-Smith, E. J. C., Dean, S. G., McPherson, K. M., & Siegert, R. J. (2015). Goal setting and strategies to enhance goal pursuit for adults with acquired disability: A systematic review. *Australian Occupational Therapy Journal, 62*(6), 400–416. https://doi.org/10.1111/1440-1630.12242

Link, B. G., & Phelan, J. C. (2001). Conceptualizing stigma. *Annual Review of Sociology, 27*, 363–385.

Locke, E. A., & Latham, G. P. (2002). Building a practically useful theory of goal setting and task motivation: A 35-year odyssey. *American Psychologist, 57*(9), 705–717. https://doi.org/10.1037/0003-066X.57.9.705

McEwen, B. S. (2017). Neurobiological and systemic effects of chronic stress. *Trends in Cognitive Sciences, 21*(7), 506–521.

Montori, V. M., Kunneman, M., & Brito, J. P. (2023). Shared decision-making as a method of care. *BMJ Evidence-Based Medicine, 28*(4), 213–215. https://doi.org/10.1136/bmjebm-2022-111842

Myers, B., van der Westhuizen, C., & Dada, S. (2025). The relationship between patient-centred care for substance use disorders and treatment outcomes: A systematic review. *Addictive Behaviors Reports, 22*, 101010. https://doi.org/10.1016/j.abrep.2025.101010

NIDA. (2021). *Words matter: Terms to use and avoid when talking about addiction*. National Institute on Drug Abuse.

SAMHSA. (2019). TIP 35: Enhancing motivation for change in substance use disorder treatment.. Substance Abuse and Mental Health Services Administration.

Schomerus, G., et al. (2011). The stigma of alcohol dependence compared with other mental disorders: A review of population studies. *Alcohol and Alcoholism, 46*(2), 105–112.

Thibodeau, P. H., & Boroditsky, L. (2011). Metaphors we think with: The role of metaphor in reasoning. *PLoS ONE, 6*(2), e16782.

WHO. (2003). *Adherence to long-term therapies: Evidence for action*. World Health Organization.

Zahs, S., Brack, A., & Scheeff, C. (2024, Juni). Hat die Abstinenz in der stationären Behandlung ausgedient? Präsentation, Psychiatrische Dienste Thurgau, Münsterlingen.

Handwerkszeug für den Alltag

4

Akute Situationen brauchen klare Abläufe. Hier bündeln wir praxistaugliche Vorgehensweisen für Entzug, Craving, Konsumereignisse, Kontrollen und Krisen – sicher, transparent und alltagsnah. Dass in einigen Kapiteln Alkohol besonders prominent vorkommt, hat praktische Gründe: Alkohol ist in der Schweiz und im gesamten D-A-CH-Raum die mit Abstand häufigste Substanz, mit der Fachpersonen im Alltag konfrontiert sind. Die zugrunde liegenden Mechanismen und Vorgehensweisen gelten jedoch **stoffübergreifend**. Ob Alkohol, Medikamente, Cannabis, Stimulanzien oder Opioide – die beschriebenen Prinzipien zu Entzug, Affektregulation, Umgang mit Konsumereignissen, Sicherheit und Beziehung lassen sich auf die meisten Substanzen übertragen, auch wenn deren spezifische Wirkweisen unterschiedlich sind.

4.1 Behandlungsphase Entzug

Der Begriff „Entzug" beschreibt den Prozess, bei dem eine Substanz, die zuvor regelmässig konsumiert wurde, abgesetzt oder in der Dosis stark reduziert wird. Dabei treten Entzugssymptome auf, die in der Regel das Gegenteil der ursprünglichen Substanzwirkung darstellen. Physiologisch liegt dem eine erwartete („antizipatorische") bzw. gewohnheitsmässige („habituelle") Anpassung des Stoffwechsels zugrunde: Der Körper passt seine Neurotransmitter- und Hormonregulation an den wiederholten Substanzkonsum an. Wird die Substanz plötzlich entzogen, fällt diese Anpassungsleistung abrupt weg – die Gegenregulation läuft jedoch zunächst weiter, was zu charakteristischen Symptomen führt. (vgl. Soyka & Lieb, 2015; Wetterling & Veltrup, 2019).

C. Lorenz, *Integrative Suchttherapie*, https://doi.org/10.1007/978-3-662-73257-1_4

4.1.1   Allgemeine Entzugssyndrome

Entzugssymptome können bei einer Vielzahl von Substanzen auftreten. Neben dem Alkoholentzug, der im klinischen Alltag am häufigsten vorkommt, spielen auch folgende eine Rolle:

- Benzodiazepine: Symptome reichen von Schlaflosigkeit und innerer Unruhe bis zu Krampfanfällen und psychotischen Zuständen. Der Entzug ist oft langwierig und erfordert eine sehr langsame Dosisreduktion.
- THC (Cannabis): Entzug kann Reizbarkeit, Schlafstörungen, verminderten Appetit und Stimmungsschwankungen hervorrufen. Körperliche Symptome sind meist milder als bei Alkohol oder Benzodiazepinen.
- Opioide: Typisch sind Muskel- und Gliederschmerzen, Übelkeit, Erbrechen, Durchfall, Schweissausbrüche und starkes Craving. Der Entzug ist sehr unangenehm, jedoch selten lebensbedrohlich.
- Kokain/Stimulanzien: Im Vordergrund stehen depressive Verstimmungen, Antriebslosigkeit und starkes Schlafbedürfnis. Körperliche Komplikationen sind selten. (American Psychiatric Association, 2013; WHO, 2019).

4.1.2   Alkoholspezifischer Entzug

Der Alkoholentzug kann mild verlaufen (Schwitzen, Tremor, Unruhe) oder schwere Komplikationen wie Entzugskrampfanfälle oder das Alkoholentzugsdelir mit Desorientiertheit, Halluzinationen und vegetativer Entgleisung hervorrufen (Saitz, 1998). Zur Erfassung der Symptomschwere wird oft die Hamburger Alkoholentzugsskala (HAES; Holzbach et al., 2016) eingesetzt, um eine gezielte und bedarfsorientierte Medikation zu ermöglichen.

Medikamentöse Strategien

Entzugssymptome sind unangenehm und teilweise gefährlich. Sie lassen sich mit Medikamenten wie bspw. Sedativa, aber gut behandeln. In der Praxis existieren zwei Hauptstrategien für die medikamentöse Begleitung:

1. Bedarfsgesteuerte Gabe (symptomorientiert): Medikamentengabe nach engmaschiger klinischer Beurteilung (z. B. anhand HAES). Vorteil: geringere Gesamtdosis, individuell angepasst. Nachteil: erfordert hohe Personalpräsenz und Erfahrung.

2. Feste Schemata: Medikamentendosierung wird vorab festgelegt und über einen definierten Zeitraum reduziert. Vorteil: einfache Implementierung, weniger Risiko durch unerkannte Symptomverschlechterung. Nachteil: evtl. Über- oder Untermedikation.

Leitlinien (DGPPN, 2021) empfehlen bei mittelgradigem bis schwerem Entzug in der Regel Benzodiazepine als Mittel der Wahl, vorzugsweise symptomorientiert, sofern die personellen Ressourcen eine engmaschige Überwachung zulassen.

Clomethiazol (Distraneurin) vs. Benzodiazepine
In manchen Ländern wie Deutschland wird Clomethiazol weiterhin eingesetzt, in anderen, z. B. der Schweiz fast nicht mehr. Vorteile von Clomethiazol sind die gute sedierende Wirkung und bewährte Anwendung im Delir. Nachteile: hohes Abhängigkeitspotenzial, ungünstigeres Nebenwirkungsprofil — insbesondere Atemdepression sowie paradoxe Erregungszustände — und in älteren oder somatisch vorbelasteten Patienten vermehrte Bronchial- und Speichelsekrete (Al Juburi et al., 2024; Lucht et al., 2003)., sowie geringerer Schutz vor Krampfanfällen im Vergleich zu Benzodiazepinen. Benzodiazepine (z. B. Diazepam, Lorazepam) haben ein günstigeres Wirkprofil bezüglich Krampfschutz, sind aber ebenfalls **mit relevanten Risiken verbunden**, insbesondere hinsichtlich Sedation, Sturzgefahr, Atemdepression bei Mischkonsum und eigener Abhängigkeitspotenziale. Sychla et al. (2017) zeigten, dass Clomethiazol und Diazepam in Bezug auf die Rate von Komplikationen ähnlich sind, während Clomethiazol aber eine kürzere Entzugsdauer und geringeren Einsatz von Antipsychotika benötigte.

Entzugskomplikationen – Delir und Krampfanfälle
Das Alkoholentzugsdelir ist die gefürchtetste Komplikation. Es tritt typischerweise 48–72 h nach Trinkstopp auf und ist durch Bewusstseinstrübung, Halluzinationen und vegetative Überaktivität gekennzeichnet. Es verläuft potenziell tödlich.
Entzugskrampfanfälle sind generalisierte tonisch-klonische Anfälle, die meist innerhalb der ersten 48 h nach Absetzen auftreten. Sie unterscheiden sich von Epilepsie durch ihr zeitliches Auftreten und das Fehlen einer chronischen epileptischen Grunderkrankung. Begünstigende Faktoren sind Dehydrierung, Schlafentzug, helles Licht oder akustische Reize. Prophylaxe: ausreichende Benzodiazepin-Gabe, Reduktion sensorischer Reize, Elektrolytausgleich. Behandlungsstrategien im Akutfall umfassen die gesicherte Lagerung, Atemwegskontrolle, Benzodiazepin-Akutinjektion. (Rösner et al., 2010; Schuckit, 2014).

> Die medizinisch-pflegerische Begleitung im Entzug erfordert klinische Erfahrung, strukturiertes Monitoring und eine individuelle Anpassung der Medikation; neben der Behandlung akuter Symptome ist die Prävention von Komplikationen zentral.

4.2   Craving

Craving, im Deutschen oft als Konsumverlangen oder Suchtdruck bezeichnet, ist eines der zentralen diagnostischen Kriterien für Abhängigkeitserkrankungen (WHO, 2019). Es beschreibt ein intensives, oft als unkontrollierbar empfundenes Verlangen nach einer psychoaktiven Substanz oder nach der Durchführung eines bestimmten Verhaltens, wie etwa beim pathologischen Geldspiel. Betroffene berichten, dass Craving nicht nur im Kopf stattfindet, sondern auch körperlich spürbar ist – mit Symptomen wie innerer Unruhe, Herzklopfen oder Anspannung (Meyer & Rumpf, 2018).

4.2.1   Verlauf und Dynamik

Das Auftreten von Craving kann zeitlich variieren: Es kann unmittelbar durch Reize (Trigger) ausgelöst werden, aber auch verzögert auftreten – etwa Stunden oder Tage nach einem Auslöser. Häufig nimmt die Intensität anfangs rasch zu, erreicht einen Höhepunkt und flaut dann wieder ab. Studien zeigen, dass diese Wellenform typisch ist und dass der akute Drang oft nach 20–30 min deutlich nachlässt, wenn er nicht durch Konsum verstärkt wird (Sayette, 2016).

4.2.2   Ursachen: Suchtgedächtnis und Konditionierungen

Craving – das starke, oft plötzlich auftretende Verlangen nach einer Substanz – hängt eng damit zusammen, wie das Gehirn lernt und Erinnerungen speichert. Wiederholter Konsum führt dazu, dass sich bestimmte Netzwerke im Gehirn anpassen. Dieses Netzwerk wird häufig als Suchtgedächtnis bezeichnet.

Dabei spielt vor allem das Belohnungssystem eine wichtige Rolle, in dem der Botenstoff Dopamin zentral ist. Anfangs reagiert das Gehirn hauptsächlich auf die Substanz selbst. Mit zunehmender Wiederholung verschiebt sich die Reaktion jedoch: Hinweise, die mit dem Konsum verbunden waren, lösen bereits Aktivität aus.

Das können Orte, Gerüche, Tageszeiten oder bestimmte emotionale Zustände sein. Das Verlangen entsteht dann nicht zufällig, sondern durch solche gespeicherten Verknüpfungen.

Diese Verknüpfungen entstehen über grundlegende Lernprozesse:

1. Klassische Konditionierung: Hier wird ein ursprünglich neutraler Reiz – zum Beispiel eine bestimmte Bar, ein Sofa oder der Feierabend – immer wieder zusammen mit Konsum erlebt. Das Gehirn lernt dabei automatisch: „Dieser Ort bedeutet Alkohol" oder „In dieser Situation gab es früher Entlastung." Nach einiger Zeit löst der Reiz allein das Verlangen aus, auch wenn keine bewusste Entscheidung dafür getroffen wurde.
2. Operante Konditionierung: Bei diesem Lernprozess spielt die Wirkung des Konsums eine zentrale Rolle. Wenn Alkohol kurzfristig Anspannung reduziert, Schmerzen lindert oder Schlaf erleichtert, erlebt das Gehirn dies als eine Art Belohnung. Dadurch steigt die Wahrscheinlichkeit, dass der Konsum in ähnlichen Situationen wieder eingesetzt wird. Das macht den Konsum zu einer erlernten Bewältigungsstrategie, selbst wenn die langfristigen Folgen schädlich sind.

Diese beiden Mechanismen zusammen bilden das Suchtgedächtnis. Es sorgt dafür, dass Konsummuster lange stabil bleiben können. Auch nach einer längeren abstinenten Phase können bestimmte Reize oder Situationen wieder Craving auslösen, weil die früheren Verknüpfungen im Gehirn gespeichert geblieben sind (Everitt & Robbins, 2016).

Das bedeutet nicht, dass Veränderung unmöglich ist. Es erklärt jedoch, warum Willenskraft allein nicht ausreicht und warum Rückfallprävention immer auch das Umlernen solcher Reiz-Reaktions-Muster einschliessen muss. Denn Craving ist kein willensbezogenes Versagen, sondern ein neurobiologischer und lernpsychologischer Prozess.

4.2.3 Therapeutische Ansätze

Therapeutische Interventionen gegen Craving sind vielfältig und reichen von verhaltenstherapeutischen Strategien über medikamentöse Unterstützung bis hin zu ergänzenden Verfahren. Evidenzbasiert sind insbesondere Techniken der kognitiven Verhaltenstherapie (CBT), achtsamkeitsbasierte Verfahren wie Mindfulness-Based Relapse Prevention (Bowen et al., 2014; Korecki et al., 2020; Zgierska et al., 2019) sowie Exposition mit Reaktionsverhinderung und Cue-Exposure-Ansätze, auch unter Einsatz virtueller Realität (Thaysen-Petersen et al., 2025; Huang et al., 2025).

Pharmakologisch können Medikamente wie Naltrexon oder Acamprosat bei Alkoholabhängigkeit Craving reduzieren (Jonas et al., 2014; Helstrom et al., 2016; Antonelli et al., 2022), während bei Opioidabhängigkeit unter anderem Buprenorphin eingesetzt wird.

Für die in suchttherapeutischen Settings allgegenwärtige NADA-Ohrakupunktur existieren hingegen nur schwache bis heterogene Belege (Grant et al., 2016; Krause et al., 2020; Lee et al., 2022; Soyka & Lieb, 2015; Zhang et al., 2022), weshalb sie nicht als evidenzbasierte Standardtherapie gilt.

Übrigens: Bei häufig komorbider ADHS zeigen erste Studien, dass ADHS-Medikationen das Craving beeinflussen können. In einem randomisierten Doppelblind-Pilotversuch mit Lisdexamfetamin (LDX 70 mg/Tag) bei Personen mit Kokaingebrauchsstörung wurden signifikant reduzierte Craving-Werte beobachtet – ohne klaren Effekt auf den Konsum selbst (Mooney et al., 2015).

Auch für Bupropion liegen konsistente Befunde vor: In der Tabakentwöhnung reduziert es Nikotin-Craving und Entzugssymptome (Mooney & Sofuoglu, 2006) und zeigt zudem in klinischen Studien eine Verminderung von cue-induziertem Craving, etwa bei Methamphetamin (Newton et al., 2006).

▶   Konsumverlangen verläuft oft in Wellen – wer den Höhepunkt übersteht, erlebt häufig ein Nachlassen.

4.3 Unerwünschte Konsumereignisse

4.3.1 Warum wir von „Konsumereignissen" sprechen

Der verbreitete Begriff „Rückfall" suggeriert Scheitern und entwertet erreichte Fortschritte. Viele Menschen erleben jedoch kein abruptes Ende ihrer Bemühungen, sondern ein Konsumereignis innerhalb eines längeren Veränderungsprozesses. Sprache wirkt direkt: Wer neutral von „Konsumereignis" spricht, fördert Offenheit, reduziert Scham und schafft Lernraum (Kelly et al., 2015). Im therapeutischen Fokus stehen unerwünschte Konsumereignisse – also solche, die im Widerspruch zu den aktuellen Konsum- und Behandlungszielen stehen.

4.3.2   Konsumereignisse sind die Regel – nicht die Ausnahme

Langzeitbeobachtungen zeigen: 60–70 % der Patient:innen berichten auf dem Weg zu stabiler Abstinenz oder risikoarmem Konsum mindestens ein unerwünschtes Konsumereignis. Entscheidend ist der Umgang damit – nicht das Ereignis selbst (Miller et al., 2001). Das Krankheitsmodell ist chronisch-rezidivierend; Konsumereignisse markieren Wendepunkte, an denen Therapie präzisiert werden kann (Marlatt & Donovan, 2005).

4.3.3   Vor dem Ereignis: Kognitive Prozesse verstehen

Konsumereignisse entstehen selten zufällig. Typischerweise sind daran „erlaubnisgebende Gedanken" beteiligt (Beck et al., 1993), die dazu dienen, den eigentlich unerwünschten Konsum vor sich selbst zu rechtfertigen:

- „Nur dieses eine Mal."
- „Alle anderen machen das auch."
- „Es ist nicht mehr so schlimm wie früher."
- „Morgen höre ich wieder auf."
- „Ich habe es mir verdient."

Solche Kognitionen senken die Hemmschwelle und öffnen die Tür zur alten Verhaltensbahn. Hinzu kommt Affektintoleranz: Unangenehme Gefühle (Stress, Trauer, Angst, Wut) werden als unerträglich erlebt; Konsum dient dann der schnellen Spannungsreduktion.

4.3.4   Tools zur Mustererkennung

Instrumente zur „Verhaltensanalyse" setzen Problemverhalten in einen Kontext aus Auslösern, Grundverfassungen, Erlebensdimensionen und Konsequenzen auf unterschiedlichen Zeitachsen. Das SORK-Modell(Kanfer et al., 2006) bspw. strukturiert die Analyse in:

- Stimulus/Auslöser
- Organsimusfaktoren (Lerngeschichte, Überzeugungen, Biologie)
- Reaktion (Gedanken/Gefühle/Körper/Verhalten)
- Konsequenzen (kurz-/langfristig).

So wird erkennbar: Konsum folgt Regeln, die sich verstehen und verändern lassen (Marlatt & Gordon, 1985; Witkiewitz & Marlatt, 2004).

4.3.5　Der Prozesscharakter von Konsumereignissen

Konsumereignisse entstehen selten spontan oder „aus heiterem Himmel". Sie folgen typischen inneren und äusseren Mustern, die sich verstehen und beeinflussen lassen. Das bekannte Modell von Marlatt & Gordon (1985) beschreibt diesen Prozess als Zusammenspiel von Hochrisikosituationen, Bewältigungsfähigkeiten, erlaubnisgebenden Gedanken, Outcome-Erwartungen und emotionalen Zuständen. Entscheidend ist dabei nicht das Ereignis selbst, sondern seine Einbettung: Wie wurde Affekt reguliert – oder nicht reguliert? Welche inneren Entlastungsversprechen standen im Vordergrund? Welche Alternativen waren in diesem Moment subjektiv erreichbar?

Zentral ist der sogenannte Abstinenz-Verletzungs-Effekt (AVE): Wird ein einzelnes Konsumereignis als persönliches Scheitern oder „Totalverlust" gedeutet, verstärken Scham, Selbstabwertung und Kontrollverlust typischerweise weiteren Konsum. Wird das Ereignis hingegen als nachvollziehbarer Lernschritt verstanden – eingebettet in Muster von Affektintoleranz, Stress oder Beziehungsspannung –, bleibt Stabilität eher erhalten (Hendershot et al., 2011).

4.3.6　Nach dem Ereignis: Stabilisieren und lernen

Nach einem Konsumereignis stehen zuerst Sicherheit und Stabilisierung im Vordergrund. Danach folgt eine strukturierte, nicht-moralisierende Analyse:

- Was war in dieser Situation innerlich und äusserlich los?
- Welche Gefühle waren kaum aushaltbar?
- Welche erlaubnisgebenden Gedanken öffneten die Tür?
- Welche Alternativen wären realistisch verfügbar gewesen – und warum standen sie gerade nicht zur Verfügung?

Praxisnahe Programme wie S.T.A.R. (Körkel, 2002) oder die Rückfallprävention nach Marlatt trainieren Bewältigungsfähigkeiten, stärken Selbstwirksamkeit und reduzieren den AVE (Witkiewitz & Marlatt, 2004). Sie helfen, Muster zu erkennen, Handlungsspielräume zu erweitern und künftige Konsumereignisse früher zu beeinflussen – ohne moralische Zuschreibungen, sondern auf Basis psychologischer Verständlichkeit.

4.3.7 Neurobiologie: Suchtgedächtnis und Cues

Auch nach langer Abstinenz können kleine Mengen rasch zu Kontrollverlust führen. Grund ist das Suchtgedächtnis: neurobiologische Sensibilisierungen und gespeicherte Lernspuren, die durch Cues oder erneute Substanzaufnahme reaktiviert werden (Spanagel, 2009). Konsequenz: Abstinenzzeit allein ist keine Sicherheit; Psychoedukation und Trigger-Management bleiben zentral.

4.3.8 Risikofaktoren und situative Verfassungen

Risikofaktoren sind u. a. belastende Lebensereignisse, soziale Isolation, hohe Verfügbarkeit von Substanzen sowie komorbide psychische Störungen, z. B. Depression und Angst (Meyer et al., 2011). Wichtig ist die Stimmungsrichtung: Manche Menschen konsumieren vor allem in negativen Affekten (Stress, Ärger), andere in positiven (Feiern, Belohnung). Prävention muss beides adressieren.

4.3.9 Soziale und institutionelle Dimension

- Klinik/Setting: Sanktion vs. Lernkultur prägt das Klima. Transparente, nicht-beschämende Analysen schaffen Vertrauen.
- Team: Einheitliche Standards und gemeinsame Sprache vermeiden Spannungen (Nulltoleranz vs. Fehlerkultur).
- Angehörige: Aufklärung entlastet und beugt Eskalationen („alles umsonst") vor; Einbindung kann Schutzfaktoren stärken.

4.3.10 Konsequenzen für die Praxis

- Sprache bewusst wählen: konsequent von „Konsumereignissen" sprechen (Kelly et al., 2015).
- Vorausschauend planen: Hochrisikosituationen identifizieren, Notfall-/Krisenpläne erstellen.
- Ereignisse analysieren: strukturiert (SORK, Timeline), ohne Beschämung.
- Erlaubnisgebende Gedanken entlarven: typische Sätze aufschreiben, Gegenargumente und If-Then-Pläne formulieren.
- Affektregulation trainieren: Skills (Atem, Kälte, Bewegung), Kontakt (Telefon, Peer), Ablenkung mit Sinn.
- Peers/Selbsthilfe aktiv vermitteln (Termin, Ort, Kontakt – nicht nur „empfehlen").
- Follow-up früh fixieren: enger Takt nach Ereignis (Warm-Handover/Telefon/Tele-Kontakt).

> ▶ Konsumereignisse sind Teil des Veränderungsprozesses – entscheidend ist, ob sie beschämen oder als Lernchancen verstanden werden.

4.4   Konsumkontrollen

Konsumkontrollen – z. B. Urinproben (UPs) oder bei Alkohol Atemluftkontrollen – sind in der suchttherapeutischen Praxis weit verbreitet. Sie dienen dem Wunsch nach Sicherheit, sowohl seitens des Behandlungsteams als auch vieler Patient:innen selbst. Gleichzeitig stehen sie im Spannungsfeld zwischen Vertrauen und Kontrolle, Transparenz und störungsbedingter Verleugnung, Autonomie und Fürsorge. Kontrollbedürfnisse seitens des Behandlungsteams, und zuweilen auch seitens der Betroffenen, sind auch darum so häufig, weil viele Patient:innen – nicht aus bewusster Unehrlichkeit, sondern im Sinne erlernter Schutzstrategien – Schwierigkeiten im Umgang mit Offenheit zeigen. Kontrollen bieten hier scheinbare Sicherheit, die aber de facto trügerisch sein kann. Sie beruhigen kurzfristig, verhindern aber nicht zwangsläufig Konsum. Vielmehr bergen sie das Risiko, offene Gespräche zu behindern und Patient:innen in verdeckende Dynamiken zu drängen.

4.4.1 (Menschen-)Rechtlicher Rahmen

Eine besondere Form stellt dabei die Sichtkontrolle dar. Sie wird häufig mit einer höheren Sicherheit (Validität) des Ergebnisses begründet, weil sie als täuschungssicherer gilt. In der Eskalationslogik von Heimlichkeit, Umgehung und immer schärferen Kontrollen ist das folgerichtig. Aber: Die Durchführung von Urinproben unter Sicht wird nach der Rechtsprechung des Bundesverfassungsgerichts sowie des Europäischen Gerichtshofs für Menschenrechte (EGMR, 2011) als massiver Eingriff in die Persönlichkeitsrechte gewertet. Eine Beobachtung bei der Urinabgabe sei nur bei triftiger Begründung und unter strikter Wahrung der Menschenwürde zulässig. Insbesondere die Gleichgeschlechtlichkeit der beobachtenden Person und das Vorliegen eines therapeutischen oder forensischen Erfordernisses sind juristische Mindeststandards.

4.4.2 Wirkung und Grenzen von Konsumkontrollen

Empirische Untersuchungen zeigen, dass häufige und rigide Kontrollmassnahmen die intrinsische Motivation zur Abstinenz untergraben können. So betonen Deci und Ryan (2000) im Rahmen der Selbstbestimmungstheorie, dass extrinsische Kontrolle das autonome Verhalten einschränkt und die Wahrscheinlichkeit verringert, dass Personen eine Abstinenzentscheidung aus eigener Überzeugung treffen.

Systeme, die Kontrolle priorisieren, laufen Gefahr, Gegensysteme zu erzeugen. Dies zeigt sich etwa in der Manipulation von Urinproben, Absprachen unter Patient:innen oder sogar dem Erwerb synthetischer Fremdurinproben. Solche Dynamiken untergraben nicht nur die diagnostische Aussagekraft, sondern zerstören auch therapeutisches Vertrauen. Wichtiger ist daher eine offene Haltung gegenüber Konsumereignissen, mit Fokus auf frühzeitiger Intervention und dialogischer Aufarbeitung.

Dementsprechend weisen Studien im Suchtkontext darauf hin, dass Kontrollmassnahmen zu verstärktem Misstrauen, Beziehungsabbrüchen und einem Ausweichen in Umgehungsstrategien führen können (z. B. Pienaar et al., 2021). In einer qualitativen Analyse von Konsumerfahrungen berichten Betroffene, dass Kontrollpraktiken häufig als entwürdigend erlebt und daher aktiv umgangen wurden (O'Reilly et al., 2019).

In einer internen Untersuchung in der Schweizer Psychiatrie Münsterlingen (Zahs & Sprenger, 2014, unveröffentlicht) wurde das Aussetzen von Kontrollen und Sanktionen bei Konsum evaluiert. Ergebnis: Die Anzahl der Konsumereignisse veränderte sich kaum, jedoch waren Patient:innen deutlich offener im Umgang mit ihren Schwierigkeiten.

4.4.3 Therapeutische Haltung

Ein zentrales Element vieler Suchterkrankungen ist die tief verankerte Scham – nicht nur über Konsumereignisse, sondern auch über das eigene Scheitern, die Abhängigkeit, die vermeintliche Unfähigkeit, Kontrolle auszuüben.

Vermeidung, Intransparenz oder das Umgehen von Regeln sind häufig keine Zeichen von Unehrlichkeit, sondern psychologisch verständliche Schutzstrategien. Patient:innen versuchen oft, eine erneute Konfrontation mit Schuldgefühlen und Selbstabwertung zu vermeiden – sie schützen sich mit dem, was sie gelernt haben.

Für Therapeut:innen bedeutet das: nicht moralisch zu urteilen, sondern Verhaltensweisen im Zusammenhang zu sehen. Kontrolle kann in diesen Dynamiken destruktiv wirken – sie reproduziert oft genau jene Machtverhältnisse und Ohnmachtsgefühle, die viele Patient:innen bereits aus anderen Kontexten kennen. Eine beziehungsorientierte Haltung, die erklärt, mitnimmt und transparent macht, kann langfristig wirksamer sein als jede Überprüfung.

Pflegekräfte befinden sich in einer Schlüsselposition: Sie sind häufig unmittelbar an der Durchführung beteiligt und erleben die Reaktionen der Patient:innen direkt. Zugleich stehen sie im Spannungsfeld zwischen ärztlicher Anordnung, institutionellen Erwartungen und der eigenen professionellen Ethik.

Ein humanistischer Zugang bedeutet, Transparenz zu fördern, ohne Kontrolle zur Drohkulisse zu machen. In frühen Phasen der Behandlung kann eine gewisse Intransparenz seitens der Patient:innen funktional sein – nicht aus böser Absicht, sondern als Teil des Störungsbildes (Scham, Schutz). Kontrolle sollte daher nie Selbstzweck sein, sondern stets Teil eines partizipativen Verständigungsprozesses (SAMHSA, 2012). Nur in Ausnahmefällen – auf Wunsch der Patient:innen oder bei erheblicher Fremd- oder Eigengefährdung – und ausreichend kontextualisiert sollte Kontrolle als strukturierende Massnahme eingesetzt werden.

> ▶ Konsumkontrollen haben ihren Platz – aber nur dann, wenn sie eingebettet sind in ein therapeutisches Gesamtkonzept, das auf Beziehung, Transparenz und Mitsprache setzt.

4.5 Suizidalität

Suizidgedanken gehören zu den schwerwiegendsten Herausforderungen in der Suchttherapie (Mann et al., 2005). Menschen mit Abhängigkeitserkrankungen haben ein deutlich erhöhtes Risiko für Suizidversuche und Suizidvollzüge. Epidemiologische Studien zeigen: Bei Alkoholabhängigkeit liegt das Suizidrisiko etwa zehnfach höher als in der Allgemeinbevölkerung; bei Opioidabhängigkeit ist es noch ausgeprägter (Wilcox et al., 2004).

Dieses Risiko hängt nicht allein mit der Substanz zusammen, sondern mit einem komplexen Geflecht aus psychischen Komorbiditäten, sozialen Belastungen, neurobiologischen Faktoren und akuten Intoxikations- oder Entzugssituationen.

4.5.1 Risikofaktoren

Folgende Aspekte müssen therapeutisch erfragt und beobachtet werden, um eine angemessene Risikoeinschätzung vornehmen zu können:

- Psychiatrisch: Depression, Angsterkrankungen, Persönlichkeitsstörungen (insbes. Borderline), Psychosen.
- Suchtbezogen: Kontrollverlust, akuter Entzug, Craving, Impulsdurchbrüche im Rausch.
- Sozial: Isolation, Verlust von Partnerschaften oder Arbeit, ökonomische Belastungen, Perspektivlosigkeit.
- Individuell: frühere Suizidversuche, chronische Schmerzen, fehlende Hoffnung, starke Scham- und Schuldgefühle.

Je mehr Faktoren zusammentreffen, desto höher ist die Gefahr.

4.5.2 Suizidalität unter Intoxikation und Entzug

Eine Besonderheit in der Suchttherapie ist das hohe Risiko für suizidale Handlungen während einer Intoxikation. Alkohol und andere sedierende Substanzen senken Hemmschwellen, erhöhen Impulsivität und verzerren die Risikowahrnehmung. Viele Suizidhandlungen bei Alkoholabhängigen erfolgen im Rauschzustand.

Auch Entzugssituationen sind kritisch: Schlaflosigkeit, innere Unruhe, depressive Symptome und neurobiologische Dysbalancen (z. B. serotonerge Dysregulation) erhöhen das Risiko erheblich.

Für die Praxis bedeutet das: Kriseninterventionen muss Intoxikation und Entzug immer mitdenken. Akute Einschätzungen sind im intoxikierten Zustand schwierig, da Aussagen zu Suizidabsichten schwanken können. In diesen Fällen gilt: lieber Schutzmassnahmen ergreifen, bis die akute Beeinflussung abgeklungen ist.

4.5.3   Formen der Suizidalität

- Passive Todessehnsucht: „Ich wünschte, ich würde morgens nicht mehr aufwachen.“
- Suizidgedanken ohne Plan: „Manchmal denke ich daran, mir etwas anzutun.“
- Konkrete Pläne und vorbereitende Handlungen: „Ich habe ein Messer bereitgelegt.“
- Suizidversuche: tatsächliche Handlungen mit oder ohne letalen Ausgang.

Diese Differenzierung hilft, Schweregrad und Dringlichkeit einzuschätzen – und entsprechend zu handeln.

4.5.4   Diagnostische Instrumente: NGASR und PRISM

In der Praxis bewährt haben sich strukturierte Einschätzungen:

- NGASR (Nurses' Global Assessment of Suicide Risk): ein klinisches Instrument, das Risikofaktoren systematisch erhebt (z. B. frühere Versuche, Hoffnungslosigkeit, aktueller Stress). Es eignet sich für Pflegeteams und ist ohne grossen Aufwand durchführbar.
- PRISM (Psychiatric Risk Assessment for Suicidality in Mental Illness): erfasst sowohl akute als auch chronische Risikofaktoren und bezieht psychiatrische Komorbiditäten explizit ein.

Diese Instrumente ersetzen nicht das Gespräch, sondern strukturieren es. Sie fördern Transparenz im Team und reduzieren das Risiko subjektiver Fehleinschätzungen.

4.5.5   Ansprechen

Viele Helfende fürchten, durch Nachfragen Suizidgedanken erst hervorzurufen. Die Forschung zeigt das Gegenteil: Das offene Ansprechen entlastet und erhöht die Wahrscheinlichkeit, dass Betroffene Hilfe annehmen (Dazzi et al., 2014).

- „Haben Sie in letzter Zeit daran gedacht, nicht mehr leben zu wollen?"
- „Gab es Momente, in denen Sie keinen Ausweg mehr gesehen haben?"
- „Haben Sie konkrete Gedanken, sich etwas anzutun?"

Wichtig ist, klar und direkt zu fragen – nicht um den heissen Brei herum.

4.5.6   Therapeutische Haltung

Suizidalität ist fast immer von Ambivalenz geprägt: Ein Teil will Leid beenden und sterben, ein anderer Teil hofft auf Veränderung (O'Connor & Nock, 2014). Ziel therapeutischer Haltung ist es, diese Ambivalenz zu würdigen und den lebensbejahenden Anteil zu stärken.

- Hoffnung vermitteln („Auch diese Krise ist veränderbar.").
- Ressourcen aktivieren (soziale Kontakte, Fähigkeiten, Werte).
- Beziehung halten, auch wenn akute Schutzmassnahmen nötig sind.

4.5.7   Konsequenzen für die Praxis

Suizidalität darf nie Privatverantwortung Einzelner sein. Notwendig sind:

- Standards: Wer wird informiert, welche Schritte folgen?
- Dokumentation: klare Festhaltung von Einschätzungen, Massnahmen, Absprachen.
- Supervision: Entlastung für Mitarbeitende.
- Angehörigenarbeit: Familien frühzeitig einbeziehen, Ängste und Hilflosigkeit adressieren.

▶   Offenes Ansprechen reduziert das Suizidrisiko, Schweigen verstärkt es.

Anna

Im suchttherapeutischen Bereich der Reha-Klinik wirkt Anna zunächst stabil. Sie nimmt regelmässig an den Gruppen teil, beteiligt sich an Psychoedukation und arbeitet mit der Pflege an ersten Frühwarnzeichen. Doch je näher die Inhalte an alte Beziehungserfahrungen rücken, desto stärker zeigt sich innere Instabilität. Oberflächlich bleibt sie freundlich und korrekt, aber die Anspannung steigt sichtbar.

In einer Sitzung, an der auch ihr Mann teilnimmt, sagt er beiläufig: „Du wirst wieder so unzugänglich, wenn es schwierig wird". Für Anna trifft dieser Satz eine alte Wunde. Er weckt das Gefühl, „nicht richtig" zu sein – ein vertrautes Muster seit der Kindheit. Nach aussen reagiert sie wenig, innerlich zieht sie sich zurück. Am Abend ist sie unruhig, schläft schlecht und bricht am nächsten Tag eine Gruppensitzung ab mit der Begründung, sie halte die Atmosphäre nicht aus. Die Pflege bemerkt die Veränderung, bietet ein Gespräch an, doch Anna lehnt ab. Es ist ein Rückzug aus dem Kontakt, ein Schutzmechanismus, der ihr seit vielen Jahren vertraut ist.

Zwei Tage später, nach einer intensiveren Einzelsitzung, merkt sie eine zunehmende innere Enge. Sie verlässt impulsiv das Gelände, kauft eine kleine Flasche Wein und trinkt sie heimlich im Zimmer. Am Abend spricht eine Pflegefachperson sie ruhig an, ohne Vorwurf, nur mit ehrlicher Sorge. Anna wirkt defensiv und gleichzeitig erschöpft. Sie sagt: „Ich wollte nur, dass dieses Gefühl aufhört."

Am nächsten Tag setzt sich eine Psychologin mit ihr zusammen, um das Konsumereignis zu analysieren. Sie fragt behutsam: „Was war der Moment, an dem es gekippt ist?" Anna beschreibt die Bemerkung ihres Mannes, das Gefühl der Zurücksetzung, die alte Scham und die körperliche Enge. Gemeinsam gehen sie die Elemente durch: Auslöser, Gedanken, Gefühle, Körperreaktionen, Verhalten, kurzfristige Entlastung und die nachfolgende Scham. Anna sagt: „Ich habe nicht geplant zu trinken. Ich habe nur gedacht, dass ich das sonst nicht aushalte." Die Psychologin fasst zusammen: „Es war die schnellste bekannte Möglichkeit, die Anspannung zu dämpfen. Das macht es nicht harmlos, aber erklärbar." Zum ersten Mal erlebt Anna, dass ein Konsumereignis nicht moralisch bewertet wird, sondern funktional verstanden wird.

Im Anschluss setzt das Team regelmässige Atemalkoholkontrollen an, fachlich begründet, aber für Anna schwer auszuhalten. Die Pflege versucht, den Rahmen ruhig und wertschätzend zu gestalten, doch Annas alte Muster werden aktiv. Sie erscheint zu spät, vermeidet Blickkontakt und sagt Sätze wie: „Ich komme mir vor wie ein Kind, dem man nicht traut." Für das Team ist klar: Es ist kein Widerstand im therapeutischen Sinn, sondern Ausdruck von Scham, Selbstabwertung und einer langen Geschichte von Kontrolle, die sich nie wie Schutz angefühlt hat.

Ein erfahrener Therapeut der Station bietet ein Gespräch an. Er beginnt ruhig: „Ich weiss, dass diese Kontrollen für Sie sehr belastend sind. Und ich weiss auch: In frühen Behandlungsphasen müssen viele Menschen erst einmal sich selbst – und manchmal auch andere – täuschen. Nicht aus Bosheit, sondern weil die Scham so gross ist. Das gehört zur Erkrankung." Anna schaut kurz auf. Der Therapeut fährt fort: „Ich bin ehrlich: Ich kontrolliere ungern. Ich mache das nur, wenn jemand ausdrücklich möchte, dass ich ihm helfe, durch diese Phase hindurchzukommen – durch die Phase, in der die eigene Offenheit noch brüchig ist." Anna wirkt irritiert. Der Therapeut präzisiert: „Ich übernehme diese Kontrollen nur, wenn Sie sie wollen. Als Ihren Auftrag an mich. Und nur für eine begrenzte Zeit – bis Sie genug Halt haben, wieder aus eigener Kraft offen zu sein."

Ein Moment der Irritation folgt, dann sagt Anna: „Ich will nicht, dass das wieder passiert. Aber ich merke, dass ich Angst bekomme und dann nicht ehrlich bin." Der Therapeut antwortet: „Dann wäre mein Auftrag für diese Zeit, Sie so zu begleiten, dass Sie ehrlich sein können – ohne dass Ihre Scham Sie überrollt."

Diese Struktur wirkt paradoxerweise stabilisierend. Kontrolle wird nicht gegen, sondern für sie eingesetzt. Anna erscheint pünktlicher zu den Kontrollen, beschreibt ihre Anspannung offener und sagt einmal zur Pflege: „Es ist besser, wenn ich es vorher sage, als wenn es jemand merkt." Die Scham nimmt ab, und es entsteht eine Beziehung, die nicht auf Druck, sondern auf Kooperation beruht. Gleichzeitig wird früh festgelegt, dass die Kontrollen zeitlich begrenzt sind, „bis sich die Offenheit wieder von selbst trägt".

Damit beginnt eine wichtige Veränderung: Anna erlebt erstmals, dass auch Grenzen Beziehung sein können – und dass sie sie nicht entwerten, sondern schützen.

Literatur

Al Juburi, M., Cramer, H., & Schaefer, M. (2024). Chlormethiazole as a hypnotic in elderly patients: A systematic review and meta-analysis. *Journal of Sleep Research, 33*(2), e14018. https://doi.org/10.1111/jsr.14018

American Psychiatric Association. (2013). *Diagnostic and statistical manual of mental disorders* (5. Aufl.). Author.

Antonelli, M., Lupi, M., & Barlattani, A. (2022). Perspectives on the pharmacological management of alcohol use disorder. *European Journal of Internal Medicine, 100*, 26–33.

Beck, A. T., Wright, F. D., Newman, C. F., & Liese, B. S. (1993). *Cognitive therapy of substance abuse*. The Guilford Press.

Bowen, S., Witkiewitz, K., Clifasefi, S. L., Grow, J., Chawla, N., Hsu, S. H., Carroll, H. A., Harrop, E., Collins, S. E., Lustyk, M. K., & Larimer, M. E. (2014). Relative efficacy of mindfulness-based relapse prevention, standard relapse prevention, and treatment as usual for substance use disorders: A randomized clinical trial. *JAMA Psychiatry, 71*(5), 547–556. https://doi.org/10.1001/jamapsychiatry.2013.4546

Dazzi, T., Gribble, R., Wessely, S., & Fear, N. T. (2014). Does asking about suicide and related behaviours induce suicidal ideation? What is the evidence? *Psychological Medicine, 44*(16), 3361–3363.

Deci, E. L., & Ryan, R. M. (2000). The "what" and "why" of goal pursuits: Human needs and the self-determination of behavior. *Psychological Inquiry, 11*(4), 227–268. https://doi.org/10.1207/S15327965PLI1104_01

Deutsche Gesellschaft für Psychiatrie und Psychotherapie, Psychosomatik und Nervenheilkunde (DGPPN). (2021). *S3-Leitlinie Alkoholbezogene Störungen*. Springer.

European Court of Human Rights (EGMR). (2011). Case of Wainwright v. the United Kingdom (Application no. 12350/04). HUDOC database. https://hudoc.echr.coe.int/eng?i=002-3157. Zugegriffen am 31.03.2026.

Everitt, B. J., & Robbins, T. W. (2016). Drug addiction: Updating actions to habits to compulsions ten years on. *Annual Review of Psychology, 67*, 23–50.

Grant, S., et al. (2016). Acupuncture for substance use disorders: A systematic review. *Drug and Alcohol Dependence, 163*, 1–15.

Helstrom, A. W., et al. (2016). Reductions in alcohol craving following naltrexone. *Alcohol and Alcoholism, 51*(5), 562–567.

Hendershot, C. S., Witkiewitz, K., George, W. H., & Marlatt, G. A. (2011). Relapse prevention for addictive behaviors. *Substance Abuse Treatment, Prevention, and Policy, 6*(17), 1–17.

Holzbach, R., Ihlow, C., Takla, T., Kemper, U., & Naber, D. (2016). Zwei Alkoholentzugsscores im Vergleich: Hamburger Alkoholentzugs-Skala (HAES) vs. Scoregesteuerte Alkoholentzugsbehandlung nach Rating durch das Pflegepersonal (SAB-P). *Fortschritte der Neurologie Psychiatrie, 84*(2), 83–87. https://doi.org/10.1055/s-0042-102785

Huang, Q., et al. (2025). Virtual reality-based cue exposure therapy reduces psychological craving in men with methamphetamine use disorder. *Translational Psychiatry, 15*, 62.

Jonas, D. E., Amick, H. R., Feltner, C., Bobashev, G., Thomas, K., Wines, R., Kim, M. M., Shanahan, E., Gass, C. E., Rowe, C. J., & Garbutt, J. C. (2014). Pharmacotherapy for adults with alcohol use disorders in outpatient settings: A systematic review and meta-analysis. *JAMA, 311*(18), 1889–1900. https://doi.org/10.1001/jama.2014.3628

Kanfer, F. H., Reinecker, H., & Schmelzer, D. (2006). *Selbstmanagement-Therapie* (4. Aufl.). Springer.

Kelly, J. F., Wakeman, S. E., & Saitz, R. (2015). Stop talking 'dirty'. *American Journal of Medicine, 128*(1), 8–9.

Korecki, J. R., et al. (2020). Mindfulness-based programs for substance use disorders: A systematic review. *Substance Abuse Treatment, Prevention, and Policy, 15*, 51.

Körkel, J. (2002). *S.T.A.R.: Ein Trainingsprogramm zur Rückfallprävention bei Suchtkranken.* Lambertus.

Krause, F., et al. (2020). Randomized controlled three-arm study of NADA acupuncture for substance dependence. *Addictive Behaviors, 110*, 106486.

Lee, E. J., et al. (2022). Effects of auriculotherapy on addiction: A systematic review. *Complementary Therapies in Medicine, 65*, 102792.

Lucht, M., van den Brink, W., & Schütz, C. G. (2003). Alcohol withdrawal treatment in intoxicated vs. non-intoxicated patients. *Alcohol and Alcoholism, 38*(2), 168–174. https://doi.org/10.1093/alcalc/agg050

Mann, J. J., Apter, A., Bertolote, J., Beautrais, A., Currier, D., Haas, A., et al. (2005). Suicide prevention strategies: A systematic review. *JAMA, 294*(16), 2064–2074.

Marlatt, G. A., & Donovan, D. M. (Hrsg.). (2005). *Relapse prevention* (2. Aufl.). Guilford.

Marlatt, G. A., & Gordon, J. R. (1985). Relapse prevention.

Meyer, C., & Rumpf, H. J. (2018). *Suchtmedizin kompakt.* Springer.

Meyer, C., Rumpf, H. J., Hapke, U., & John, U. (2011). Impact of psychiatric disorders in the general population: Risk factors for relapse. *European Addiction Research, 17*(6), 287–294.

Miller, W. R., Walters, S. T., & Bennett, M. E. (2001). How effective is alcoholism treatment…. *Journal of Studies on Alcohol, 62*(2), 211–220.

Mooney, M. E., & Sofuoglu, M. (2006). Bupropion for the treatment of nicotine withdrawal and craving. *Expert Review of Neurotherapeutics, 6*(7), 965–981. https://doi.org/10.1586/14737175.6.7.965

Mooney, M. E., Herin, D. V., Specker, S., Babb, D., Levin, F. R., & Grabowski, J. (2015). Pilot study of the effects of lisdexamfetamine on cocaine use: A randomized, double-blind, placebo-controlled trial. *Drug and Alcohol Dependence, 153*, 94–103. https://doi.org/10.1016/j.drugalcdep.2015.05.038

Newton, T. F., Roache, J. D., De La Garza, R. I. I., Fong, T., Wallace, C. L., Li, S.-H., Elkashef, A., Chiang, N., Kahn, R., & Volkow, N. D. (2006). Bupropion reduces methamphetamine-induced subjective effects and cue-induced craving. *Neuropsychopharmacology, 31*(7), 1537–1544. https://doi.org/10.1038/sj.npp.1300979

O'Connor, R. C., & Nock, M. K. (2014). The psychology of suicidal behaviour. *The Lancet Psychiatry, 1*(1), 73–85.

O'Reilly, R., Adams, C., & Whittaker, E. (2019). Clients' experiences of drug testing in therapeutic settings. *Drugs: Education, Prevention and Policy, 26*(2), 103–112. https://doi.org/10.1080/09687637.2018.1457139

Pienaar, K., Murphy, D. A., & Race, K. (2021). Governing through drug testing: The ethics and politics of testing in substance use treatment. *Contemporary Drug Problems, 48*(1), 38–54. https://doi.org/10.1177/0091450920982682

Rösner, S., Hackl-Herrwerth, A., Leucht, S., Lehert, P., Vecchi, S., & Soyka, M. (2010). Acamprosate for alcohol dependence. *Cochrane Database of Systematic Reviews, 2010*(9), CD004332. https://doi.org/10.1002/14651858.CD004332.pub2

Saitz, R. (1998). Introduction to alcohol withdrawal. *Alcohol Health & Research World, 22*(1), 5–12.

Sayette, M. A. (2016). The role of craving in substance use disorders: Theoretical and methodological issues. *Annual Review of Clinical Psychology, 12*, 407–433.

Schuckit, M. A. (2014). Recognition and management of withdrawal delirium (delirium tremens). *New England Journal of Medicine, 371*(22), 2109–2113. https://doi.org/10.1056/NEJMra1407298

Soyka, M., & Lieb, M. (2015). *Evidenzbasierte Suchtmedizin*. Thieme.

Spanagel, R. (2009). Alcoholism: A systems approach…. *Physiological Reviews, 89*(2), 649–705.

Substance Abuse and Mental Health Services Administration. (2012). Clinical drug testing in primary care. Treatment Improvement Protocol (TIP) Series 63. Rockville, MD: SAMHSA.

Sychla, H., Gründer, G., & Lammertz, S. E. (2017). Comparison of clomethiazole and diazepam in the treatment of alcohol withdrawal syndrome in clinical practice. *European Addiction Research, 23**(4), 211–218. https://doi.org/10.1159/000480380

Thaysen-Petersen, D., et al. (2025). The efficacy of conventional and technology-assisted cue exposure therapy for substance use disorders: A meta-analysis. *Frontiers in Psychiatry, 16*, 1534635.

Wetterling, T., & Veltrup, C. (2019). *Entzugsbehandlung: Alkohol, Medikamente, Drogen* (3. Aufl.). Thieme.

WHO. (2019). *International classification of diseases 11th revision (ICD-11)*. World Health Organization.

Wilcox, H. C., Conner, K. R., & Caine, E. D. (2004). Association of alcohol and drug use disorders and completed suicide: An empirical review. *Drug and Alcohol Dependence, 76*(S1), S11–S19.

Witkiewitz, K., & Marlatt, G. A. (2004). Relapse prevention for alcohol and drug problems…. *American Psychologist, 59*(4), 224–235.

World Health Organization (WHO). (2019). International classification of diseases for mortality and morbidity statistics (11th revision). https://icd.who.int

Zahs, P., & Sprenger, S. (2014). Interne Untersuchung in Münsterlingen zum Aussetzen von Kontrollen und Sanktionen bei Konsum [Unveröffentlichtes Manuskript]. Psychiatrie Münsterlingen.

Zgierska, A. E., et al. (2019). Mindfulness-based relapse prevention for alcohol dependence: A randomized clinical trial. *Journal of Substance Abuse Treatment, 99*, 93–101.

Zhang, Y., et al. (2022). Effectiveness of auricular acupuncture for substance use disorders: A systematic review. *Complementary Therapies in Medicine, 64*, 102793.

Substanzen und Verhaltenssüchte 5

Substanzen und Verhaltenssüchte wirken unterschiedlich – und folgen doch gemeinsamen Mechanismen. Die Kapitel erläutern Folgen von Konsum, Besonderheiten verschiedener Suchtmittel und passende Zugänge ohne Moralisieren.

5.1 Folgeschäden von Alkohol

Alkoholkonsum belastet den Körper auf vielfältige Weise. Die Folgen betreffen fast jedes Organsystem – manche sind schleichend, andere treten plötzlich auf. Je länger und intensiver getrunken wird, desto höher ist das Risiko bleibender Schäden. Alkohol gehört weltweit zu den bedeutendsten vermeidbaren Risikofaktoren für Morbidität und Mortalität und ist mit einer erheblichen Krankheitslast verbunden (GBD 2016 Alcohol Collaborators, 2018; World Health Organization, 2023).

5.1.1 Organische und somatische Folgeschäden

Die körperlichen Folgen von Alkoholkonsum sind vielfältig und oft gravierend. Sie betreffen nahezu jedes Organsystem und entwickeln sich meist schleichend. Selbst moderater, aber regelmässiger Konsum kann zu messbaren Beeinträchtigungen führen (Rehm et al., 2010).

© Der/die Autor(en), exklusiv lizenziert an Springer-Verlag GmbH, DE, ein Teil von Springer Nature 2026
C. Lorenz, *Integrative Suchttherapie*,
https://doi.org/10.1007/978-3-662-73257-1_5

Leber

- Fettleber (Steatose hepatis): Bereits nach wenigen Wochen exzessiven Trinkens kann sich Fett in den Leberzellen einlagern. Oft reversibel bei Abstinenz, jedoch Warnsignal für weitere Schäden.
- Alkoholische Hepatitis: Entzündliche Reaktion, oft mit Ikterus (Gelbsucht), Müdigkeit und Gerinnungsstörungen.
- Leberzirrhose: Irreversible Vernarbung des Lebergewebes mit Funktionsverlust. Erhöhtes Risiko für hepatozelluläres Karzinom.

Magen-Darm-Trakt

- Gastritis, Magengeschwüre und Reflux sind häufige Folgen, bedingt durch Schleimhautschädigung und veränderte Säureproduktion.
- Pankreatitis (akut oder chronisch) kann entstehen – mit starken Schmerzen, Verdauungsproblemen und Diabetes als Spätfolge.

Herz-Kreislauf-System

- Erhöhtes Risiko für arterielle Hypertonie und Herzrhythmusstörungen, insbesondere Vorhofflimmern („Holiday Heart Syndrom").
- Kardiomyopathie: Schädigung des Herzmuskels, oft mit eingeschränkter Pumpfunktion.

Nieren und Stoffwechsel

- Erhöhtes Risiko für Nierenfunktionsstörungen und Elektrolytverschiebungen.
- Förderung von Übergewicht und metabolischem Syndrom durch hohen Kaloriengehalt und veränderte Insulinsensitivität.

Immunsystem und Krebsrisiko

- Alkohol schwächt die Immunabwehr und erhöht das Risiko für Infektionen.
- Gesicherter Risikofaktor für verschiedene Tumoren: Mundhöhle, Rachen, Speiseröhre, Leber, Brustdrüse.

5.1.2 Psychosomatische Folgen

Alkohol beeinflusst nicht nur den Körper direkt, sondern verändert auch das komplexe Zusammenspiel zwischen Psyche und Soma. Psychosomatische Beschwerden können dabei sowohl durch direkte Wirkungen als auch durch indirekte, stressbedingte Mechanismen entstehen.

- Schlafstörungen: Anfänglich sedierende Wirkung, später fragmentierter Schlaf mit Albträumen und Tagesmüdigkeit.
- Stressreaktionen: Chronischer Konsum erhöht Cortisolspiegel und verstärkt somatische Stresssymptome (Herzklopfen, Magen-Darm-Beschwerden).
- Somatisierungsneigung: Häufig unspezifische Symptome wie Kopfschmerzen, Muskelschmerzen, Schwindel, die sich ohne klare organische Ursache darstellen, aber im Zusammenhang mit dem Konsum stehen können.
- Erhöhte Schmerzempfindlichkeit (Hyperalgesie), insbesondere bei gleichzeitiger depressiver Symptomatik.

5.1.3 Neurologische Folgen

Das Nervensystem ist besonders empfindlich gegenüber den toxischen Wirkungen von Alkohol. Schäden können sich langsam entwickeln, bleiben oft lange unbemerkt und sind nicht immer reversibel (Zahr et al., 2011).

- Polyneuropathie: Häufig schleichend beginnende Nervenschädigung mit Kribbeln, Taubheitsgefühlen und Schmerzen, v. a. in den Füssen. Ursache sind direkte toxische Effekte und Vitaminmangel (v. a. B1, B6, B12).
- Wernicke-Enzephalopathie: Akuter Vitamin-B1-Mangel mit Augenmuskellähmungen, Gangstörungen und Bewusstseinsveränderungen. Unbehandelt Gefahr des Übergangs in das Korsakow-Syndrom (irreversible Gedächtnisstörung).
- Kognitive Einbussen: Konzentrationsprobleme, verlangsamtes Denken, Beeinträchtigung der Exekutivfunktionen (Steuerfunktionen wie planen, fokussieren, Handlungen organisieren, Impulse kontrollieren und Prioritäten setzen) – teils auch nach Abstinenz persistierend.
- Epileptische Anfälle: Insbesondere im Entzug, aber auch alkoholinduziert durch direkte neurotoxische Effekte.
- Kleinhirnatrophie: Chronischer Konsum kann zu Gleichgewichtsstörungen, Koordinationsproblemen und Sprachstörungen führen.

5.1.4 Folgeschäden anderer Substanzen

Während Alkohol in seiner Breitenwirkung auf Organe einzigartig ist, verursachen auch andere Substanzen spezifische Folgeschäden:

- Opioide: Hormonelle Dysregulation, Obstipation, Infektionen (bei i.v.-Konsum), Atemdepression.
- Stimulanzien (Kokain, Amphetamine): Herzinfarkte, Schlaganfälle, Zahn- und Hautschäden.
- Cannabis: Beeinträchtigung der Lungenfunktion (bei Rauchkonsum), psychotische Episoden, kognitive Einschränkungen.
- Benzodiazepine: Gedächtnisstörungen, erhöhte Sturzgefahr, Entzugssyndrome.

5.1.5 Drei häufige Fragen

Welche Schäden sind reversibel?
Einige Veränderungen, etwa Fettleber oder leichte Blutdruckerhöhungen, können sich bei vollständiger Abstinenz innerhalb von Wochen bis Monaten deutlich bessern. Auch Schlafstörungen, Stimmungsprobleme und frühe Nervenschädigungen sind teils rückbildungsfähig. Fortgeschrittene Schäden wie Leberzirrhose, ausgeprägte Polyneuropathie oder Krebserkrankungen sind hingegen nicht heilbar, auch wenn ein Fortschreiten oft gestoppt werden kann.

Ist ein Glas Rotwein am Abend herzfreundlich?
Frühere Studien deuteten auf einen gewissen Schutzeffekt hin – heute weiss man, dass der Nutzen überschätzt und die Risiken unterschätzt wurden. Selbst geringe Mengen Alkohol erhöhen das Krebsrisiko und können zu anderen Erkrankungen beitragen. Der vermeintliche Vorteil lässt sich besser durch alkoholfreie Massnahmen erreichen: ausgewogene Ernährung, Bewegung, Rauchverzicht.

Stimmt die Film-These („Der Rausch"; Vinterberg, 2020), dass wir mit einem halben Promille zu wenig geboren werden?
Die Vorstellung, dass ein Blutalkoholspiegel von 0,5 ‰ Kreativität und Stimmung hebt, basiert auf anekdotischen Berichten und einzelnen, methodisch schwachen Studien. Kurzfristig kann Alkohol Hemmungen senken – gleichzeitig leidet aber die Urteilsfähigkeit, die Fehlerquote steigt und das Risiko für riskantes Verhalten nimmt zu. Langfristig überwiegen klar die negativen Effekte.

▶ Alkohol schädigt nahezu jedes Organ – vom ersten Tropfen an, oft schleichend und lange unbemerkt.

5.2   Illegale Substanzen

Der Begriff „illegale Drogen" ist ein juristisches Konstrukt und sagt zunächst nichts über die Schädlichkeit oder das Abhängigkeitspotenzial einer Substanz aus. Manche legalen Substanzen – insbesondere Alkohol und Tabak – sind nachweislich gesundheitsschädlicher als viele verbotene (Nutt, King & Phillips, 2010). Für die Praxis bedeutet das: Suchtarbeit darf sich nicht von moralischen oder rechtlichen Kategorien leiten lassen, sondern muss einen differenzierten, risikoorientierten Blick einnehmen.

5.2.1   Substanzgruppen im Überblick

Cannabis

Cannabis ist die am weitesten verbreitete (und in vielen Ländern noch immer) illegale Substanz. Sie wirkt entspannend, angstlösend und appetitanregend, kann jedoch insbesondere bei Jugendlichen das Risiko für Psychosen, kognitive Einbussen und Motivationsprobleme erhöhen (EMCDDA, 2023). In Deutschland, der Schweiz und international wird Cannabis zunehmend legalisiert oder entkriminalisiert, häufig mit dem Ziel einer besseren Qualitätskontrolle und Prävention. Medizinische Anwendungen – etwa bei chronischen Schmerzen – sind etabliert, bleiben aber umstritten (WHO, 2018).

Stimulanzien: Kokain, Crack, Methamphetamin

Kokain führt zu Euphorie, gesteigerter Leistungsfähigkeit und Selbstüberschätzung. Crack, die rauchbare Form, wirkt kürzer und intensiver, mit höherem Risiko für psychische Krisen. Eine spezifische Pharmakotherapie existiert nicht; entscheidend sind psychosoziale Stabilisierung und Rückfallprävention (EMCDDA, 2023).

Methamphetamin („Crystal Meth") wirkt stark stimulierend, ist besonders in osteuropäischen Regionen und Teilen Deutschlands und der Schweiz verbreitet und führt rasch zu schweren Abhängigkeiten. Risiken sind Schlaflosigkeit, Psychosen, kardiovaskuläre Komplikationen und neurotoxische Schäden (WHO, 2018).

Opioide: Heroin und Substitutionsbehandlung

Opioide haben ein hohes Abhängigkeitspotenzial und bergen das Risiko lebensgefährlicher Überdosierungen. Besonders nach Abstinenzphasen besteht eine erhöhte Mortalitätsgefahr (Strang, Groshkova & Uchtenhagen, 2015). Substitutionsbehandlungen (Methadon, Buprenorphin, retardiertes Morphin, in der Schweiz auch Heroinabgabe) senken nachweislich die Sterblichkeit, reduzieren Kriminalität und verbessern soziale Integration (Fischer et al., 2007; WHO, 2014). Naloxon-Programme („Take-Home") sind eine wirksame Strategie zur Überlebenssicherung.

Halluzinogene und Neue psychoaktive Substanzen (NPS)

Halluzinogene wie LSD oder Psilocybin können intensive psychische Erfahrungen auslösen, bergen aber auch das Risiko akuter Angst- oder Psychoseepisoden. Ecstasy (MDMA) wird v. a. im Partykontext konsumiert; Gefahren sind Hyponatriämie, Hyperthermie und psychische Nachwirkungen (EMCDDA, 2023). NPS („Research Chemicals") stellen ein wachsendes Risiko dar, da Zusammensetzung und Wirkstärke oft unbekannt sind.

5.2.2   Überdosierungen und Schadensminderung

Überdosierungen sind eine der Haupttodesursachen bei illegalem Drogenkonsum, insbesondere bei Opioiden. Ansätze der Schadensminderung umfassen Spritzentauschprogramme, Drogenkonsumräume, Naloxon-Abgabe und Drug-Checking-Angebote (WHO, 2014). Diese Massnahmen sind evidenzbasiert und senken Mortalität, Morbidität und soziale Folgekosten.

Weil bestimmte Substanzen illegal sind, ist schadensmindernder oder gemässigter Konsum häufig keine Option – erst recht nicht, wenn Betroffene sich in den Mühlen des Gesetzes oder des Gesundheitssystems befinden. Kehren sie nach erzwungener Abstinenz in ihr gewohntes Umfeld zurück, kommt es beim Rückfall oft zu gefährlichen bis tödlichen Überdosierungen (Strang et al., 2015; WHO, 2014).

5.2.3   Schadens- und Abhängigkeitspotenziale im Vergleich

Nicht alle Substanzen bergen dasselbe Risiko. Studien zeigen, dass Alkohol und Tabak zu den gefährlichsten Drogen zählen – noch vor vielen illegalen Substanzen (Nutt et al., 2010). Die Bewertung hängt ab von physischem Schaden, Abhängigkeitspotenzial und sozialen Folgeschäden. Für die Praxis bedeutet das: Risiken müssen differenziert und substanzspezifisch adressiert werden.

5.2.4   Therapeutische Grundprinzipien und Haltung

Therapie und Beratung sollten sich an folgenden Grundprinzipien orientieren:

- Entstigmatisierung: Weg von moralischen Urteilen.
- Risikoorientierung: Klare Information über Substanzen und Konsumformen.

- Integration von Schadensminderung: Überleben sichern hat Vorrang.
- Individualisierung: Massgeschneiderte Therapiepläne, die Lebenskontext und Ressourcen berücksichtigen.

▶ Illegale Drogen sind vielfältig – entscheidend ist nicht das Verbot, sondern der differenzierte Blick auf Risiken, Schadensminderung und therapeutische Möglichkeiten.

5.3 Tabak und Nikotin

Tabak und Nikotin gehören trotz rückläufiger Konsumraten in vielen Ländern weiterhin zu den bedeutendsten vermeidbaren Gesundheitsrisiken. In der Suchthilfe und Psychotherapie werden sie jedoch oft weniger priorisiert als Alkohol oder illegale Substanzen – nicht zuletzt, weil der Konsum gesellschaftlich stark normalisiert ist und die unmittelbaren Schäden häufig weniger sichtbar erscheinen. Gleichzeitig sind die langfristigen gesundheitlichen und sozialen Folgen erheblich, und der Konsum erfüllt für viele Patient:innen wichtige kurzfristige Funktionen. Nikotinabhängigkeit ist durch eine hohe Rückfallneigung und eine starke Verankerung im Alltag gekennzeichnet, was sie therapeutisch besonders herausfordernd macht (Batra & Buchkremer, 2004).

5.3.1 Epidemiologie

In Europa sterben jährlich über 1,2 Mio. Menschen an den Folgen des Rauchens – das entspricht rund 15 % aller Todesfälle in der WHO-Region Europa (WHO/Europe, 2024). Für Deutschland werden etwa 127.000 rauchbedingte Todesfälle pro Jahr geschätzt (RKI, 2024), für Österreich rund 14.000 (MedUni Wien/Österreichisches Gesundheitsministerium, 2018) und für die Schweiz etwa 9500 (BAG/Obsan, 2017).

5.3.2 Funktionalität des Konsums

Nikotin wirkt rasch und zuverlässig stimulierend und beruhigend zugleich. Es kann Stress lindern, die Konzentration steigern und kurzfristig negative Emotionen dämpfen. Gerade in belastenden Lebenssituationen oder im klinischen Kontext kann dies den Konsum aufrechterhalten. Tabakkonsum ist oft ritualisiert, vermittelt

Zugehörigkeit und kann soziale Interaktionen erleichtern (U.S. Surgeon General, 2014; AWMF-S3-Leitlinie, 2021).

5.3.3 Beteiligte Organsysteme

Die gesundheitlichen Folgen betreffen nahezu alle Organsysteme: kardiovaskuläre Erkrankungen, chronisch-obstruktive Lungenerkrankung (COPD), verschiedene Krebsarten, neurologische Erkrankungen sowie Risiken für Schwangerschaft und Fetalentwicklung. Passivrauchen erhöht zusätzlich das Krankheitsrisiko von Nichtrauchenden (U.S. Surgeon General, 2014; AWMF-S3-Leitlinie, 2021).

5.3.4 Therapie – evidenzbasierte Programme

Evidenzbasierte Rauchstopp-Programme kombinieren pharmakologische Unterstützung (Nikotinersatztherapie, Vareniclin, Bupropion, Cytisin) mit verhaltenstherapeutischen Interventionen (Einzel- oder Gruppensetting, Motivational Interviewing, kognitive Verhaltenstherapie, Achtsamkeitsverfahren). Die Kombination beider Ansätze erhöht die langfristigen Abstinenzraten deutlich im Vergleich zu Einzelmassnahmen.

5.3.5 E-Zigaretten und Vapes – Potenzial zur Schadensminderung

E-Zigaretten erzeugen ein nikotinhaltiges Aerosol ohne Tabakverbrennung und reduzieren dadurch viele der krebserzeugenden Verbrennungsprodukte. Die Studienlage zum kontrovers diskutierten Nutzen für die Rauchentwöhnung ist heterogen: Randomisierte kontrollierte Studien wie Hajek et al. (2019) belegen, dass E-Zigaretten in Kombination mit verhaltenstherapeutischer Unterstützung mindestens so wirksam wie klassische Nikotinersatztherapien sein können. Cochrane-Reviews bestätigen ein Potenzial zur Unterstützung beim Rauchstopp, weisen jedoch auf methodische Grenzen und fehlende Langzeitdaten hin. Risiken bestehen dennoch: Das Aerosol enthält gesundheitsschädliche Substanzen, und insbesondere bei Jugendlichen kann der Konsum den Einstieg in den Nikotinkonsum erleichtern. Aus Sicht der Schadensminderung können E-Zigaretten für bestimmte Patient:innen, insbesondere bei wiederholten erfolglosen Abstinenzversuchen, als Übergangslösung eingesetzt werden – mit dem klaren Ziel, mittelfristig auch den Nikotinkonsum zu beenden.

5.3.6 Praxisbezug für Fachpersonen

Für die therapeutische Haltung bedeutet das, auch Tabakabhängigkeit ernst zu nehmen und Patient:innen nicht zu stigmatisieren. Viele erleben, dass ihre Tabakabhängigkeit im Vergleich zu anderen Substanzen weniger beachtet wird – dies kann Vertrauen und Motivation schwächen. Ein beziehungsorientierter und wertschätzender Umgang ist daher zentral.

Fachpersonen in der Suchthilfe können Tabak- und Nikotinkonsum systematisch erfassen, Motivation und Barrieren explorieren und gezielt in evidenzbasierte Programme einbinden (Prochaska et al., 2004; Yokoyama et al., 2023) Kurze Interventionen, klare Empfehlungen zum Rauchstopp und die Unterstützung bei der Nutzung von Hilfsmitteln wie NRT oder E-Zigaretten erhöhen die Erfolgschancen erheblich. Wichtig ist, den Einsatz von E-Zigaretten transparent zu besprechen, Chancen und Risiken abzuwägen und sie als Teil einer strukturierten Ausstiegsstrategie zu nutzen.

▶ Tabak- und Nikotinkonsum sind zentrale, aber oft unterschätzte Themen in der Suchttherapie.

5.4 Medikamentenabhängigkeit

Medikamentenabhängigkeiten stellen einen relevanten, häufig unterschätzten Anteil im Spektrum der Suchterkrankungen dar. Sie beginnen oft unbemerkt im Rahmen einer medizinisch legitimierten Behandlung („iatrogen") – und genau darin liegt ihre Tücke. Viele Betroffene nehmen die Substanz ursprünglich auf ärztliche Verordnung ein, zur Behandlung von Schlafstörungen, Schmerzen oder Angst. Der Übergang von Therapie zu Abhängigkeit ist schleichend und wird von Patient:innen wie auch Behandelnden häufig zu spät erkannt (Soyka, 2017).

5.4.1 Epidemiologie und Demografie

In Deutschland, Österreich und der Schweiz sind mehrere hunderttausend Menschen abhängig von verschreibungspflichtigen Medikamenten. Genaue Zahlen schwanken je nach Erhebungsmethode, doch übereinstimmend gilt, dass die Prävalenz deutlich unterschätzt wird (BAG, 2023; Deutsche Suchthilfestatistik, 2023; Gesundheit Österreich GmbH [GÖG], 2022). Besonders häufig betroffen sind Frauen mittleren und höheren Alters, was mit geschlechtsspezifischen Verschreibungsmustern, chronischen Schmerzen und Schlafstörungen zusammenhängt. Auch ältere Menschen mit Polypharmazie und multimorbiden Krankheitsverläufen sind überproportional gefährdet (Helbling et al., 2020). In den letzten Jahren zeigt sich zudem eine Zunahme bei jüngeren Patient:innen, insbesondere beim nicht-medizinischen Gebrauch von Stimulanzien zur Leistungssteigerung (Evoy et al., 2021).

5.4.2   Zentrale Substanzgruppen

Benzodiazepine und Z-Substanzen: Benzodiazepine gehören zu den am häufigsten missbrauchten Medikamenten. Sie werden vor allem als Anxiolytika, Sedativa und Hypnotika eingesetzt. Ein längerfristiger Gebrauch führt oft zu Toleranz, Abhängigkeit und ausgeprägten Entzugssymptomen. Z-Substanzen wie Zolpidem oder Zopiclon werden zwar häufig als „schlafmittelspezifische" Alternativen vermarktet, zeigen jedoch ein ähnliches Abhängigkeitspotenzial (Lader, 2011).

Opioid-Analgetika: Morphin, Oxycodon oder Fentanyl sind zentrale Bausteine in der Schmerztherapie. Bei längerfristiger Einnahme steigt das Risiko einer Abhängigkeitsentwicklung deutlich an. In der Schweiz ist die Opioidkrise weniger ausgeprägt als in Nordamerika. Aktuelle Daten deuten jedoch darauf hin, dass in vielen europäischen Ländern die Neuverordnungen stark wirksamer Opioide rückläufig sind, während die Prävalenz des bestehenden Gebrauchs – insbesondere bei Morphin, Fentanyl und Oxycodon – in einzelnen Datenbanken stabil blieb oder sogar leicht zunahm (Xie et al., 2025).

Weitere Substanzen: Auch andere Medikamente bergen ein Missbrauchs- und Abhängigkeitspotenzial. Pregabalin wird teils wegen seiner angstlösenden und sedierenden Effekte missbraucht (Evoy et al., 2021). Ketamin ist in der Medizin ein wichtiges Anästhetikum, wird aber aufgrund seiner dissoziativen Effekte ebenfalls missbraucht. Zudem werden Stimulanzien wie Lisdexamfetamin oder Methylphenidat ausserhalb medizinischer Indikation eingesetzt, häufig zur Leistungssteigerung im Studium oder Beruf.

5.4.3   Symptomatik

Die klinischen Merkmale ähneln denen anderer Substanzabhängigkeiten: Kontrollverlust, Craving, fortgesetzter Konsum trotz negativer Folgen und Vernachlässigung anderer Lebensbereiche (Soyka, 2017). Die Entzugssymptome sind substanzabhängig. Benzodiazepine verursachen beim plötzlichen Absetzen Angst, Schlafstörungen und im Extremfall Krampfanfälle. Bei Opioiden dominieren Schmerzen, vegetative Symptome, Unruhe und Dysphorie. Die Dynamik ist oft besonders quälend, da die Betroffenen die Medikamente ursprünglich als Hilfe erlebt haben – und nun das Gefühl haben, ohne sie nicht mehr auskommen zu können.

5.4.4 Therapie und Entzug

Die Behandlung erfordert eine individualisierte, interdisziplinäre Herangehensweise. Bei Benzodiazepinabhängigkeit erfolgt meist eine schrittweise Reduktion, oft nach Umstellung auf ein langwirksames Präparat wie Diazepam. Die Dosis wird anfangs in grösseren Schritten, gegen Ende in kleineren Schritten reduziert. Bei Opioid-Analgetika erfolgt in der Regel keine Umstellung, sondern ein eng begleitetes, psychiatrisch und schmerztherapeutisch abgestimmtes Dosismanagement. Ergänzend sind psychosoziale Interventionen und strukturierte Rückfallprävention notwendig.

Von zentraler Bedeutung ist die Haltung: Viele Patient:innen haben ihre Medikamente ursprünglich legitim und auf ärztliche Verordnung erhalten. Schuldzuweisungen sind hier einmal mehr fehl am Platz. Eine respektvolle, nicht-stigmatisierende Kommunikation schafft Vertrauen und ermöglicht es, gemeinsam tragfähige Ausstiegspläne zu entwickeln (Lader, 2011).

5.4.5 Konsequenzen für die Praxis

- Medikamentenabhängigkeit ist kein Randphänomen, sondern betrifft grosse Teile der Bevölkerung.
- Besonders gefährdet sind Frauen, ältere Menschen und Patient:innen mit multiplen Verordnungen.
- Entzug und Therapie müssen individuell geplant und interdisziplinär begleitet werden.
- Eine wertschätzende, transparente Haltung ist entscheidend für den Behandlungserfolg.

▶ Medikamentenabhängigkeit entsteht oft unbemerkt im Rahmen ärztlicher Behandlung – ihr wirksam zu begegnen erfordert Struktur, Geduld und eine respektvolle Haltung.

5.5 Verhaltenssüchte

Verhaltenssüchte wie Geldspiel-, Internet-/Gaming-, Kauf- oder Sportsucht sind häufiger, als es im klinischen Alltag sichtbar wird. Gerade in stoffgebundenen Behandlungen geraten sie leicht aus dem Blick, obwohl Symptomatik, Verlauf und therapeutische Ansätze viele Gemeinsamkeiten aufweisen (WHO, 2020; APA, 2022).

5.5.1   Definition und Klassifikation

Unter Verhaltenssucht verstehen wir ein wiederholtes, kaum kontrollierbares Ausführen einer Tätigkeit trotz negativer Folgen – begleitet von starkem Verlangen (Craving), Kontrollverlust, Toleranz-ähnlichen Prozessen und erheblichen Beeinträchtigungen in Arbeit, Schule, Beziehungen oder Finanzen. In der ICD-11 sind Geldspielstörung und Gaming Disorder als Störungen aufgrund suchthaften Verhaltens klassifiziert (WHO, 2020; Higuchi et al., 2021). Im DSM-5-TR ist die Geldspielstörung anerkannt, die Internet Gaming Disorder wird dort als Forschungsdiagnose geführt (APA, 2022).

5.5.2   Epidemiologie und Komorbidität

Verhaltenssüchte sind in der Allgemeinbevölkerung seltener als Substanzabhängigkeit, aber klinisch relevant und in Suchtbehandlungen deutlich häufiger als erwartet. Häufig bestehen Komorbiditäten mit substanzgebundenen Störungen, Depressionen, Angststörungen, ADHS oder Impulsivitätsstörungen. In substanzfokussierten Settings bleiben nicht-stoffliche Muster leicht unerkannt, da Aufmerksamkeit und Dokumentation meist auf Konsum, Entzug und Rückfall gerichtet sind (Grant et al., 2010; Dowling et al., 2019).

5.5.3   Gemeinsame Mechanismen

Die neuropsychologischen Prozesse ähneln substanzgebundenen Süchten: Belohnungserwartung und Verstärkung im mesolimbischen Dopaminsystem, gelernte Reiz-Reaktions-Ketten, aufrechterhaltende Gedanken („Ich kann kurz spielen, es schadet nicht.") sowie Emotionsregulation durch das Verhalten. Klinisch zeigt sich dies in starkem Verlangen, gedanklicher Vereinnahmung, Kontrollverlust und hohem Rückfallrisiko in belastenden Situationen (Kim et al., 2018).

5.5.4   Diagnostik und Screening

Gezieltes Screening verhindert, dass Verhaltenssüchte in substanzbezogenen Behandlungen übersehen werden. Für Geldspielsucht sind Kurzverfahren wie Lie/Bet oder PGSI etabliert, für Gaming der IGDS9-SF oder der Gaming Disorder Test

(GDT). Screening ersetzt keine Anamnese, erleichtert aber gezieltes Nachfragen und die Verlaufsdokumentation (Dowling et al., 2019; Wieczorek et al., 2021; Maldonado-Murciano et al., 2024).

5.5.5 Behandlung

Psychotherapeutisch gilt die kognitiv-verhaltenstherapeutische Therapie als wirksam, insbesondere bei Geldspielstörungen. Metaanalysen zeigen signifikante Reduktionen von Spielverhalten und Symptomen, auch wenn die Stabilität der Effekte variiert. Motivational Interviewing kann zusätzlich unterstützen (Cowlishaw et al., 2012).

Für Gaming-Störungen haben sich modulare Ansätze bewährt, etwa das Component Model of Addiction Treatment (CMAT), das Kernelemente wie Impuls- und Emotionsregulation, Exposition, kognitive Umstrukturierung, soziale Unterstützung und alternative Verstärker kombiniert (Kim et al., 2018). Bei Jugendlichen sind Familien- und systemische Interventionen zentral. Eidenbenz (2012) beschreibt ein vierphasiges Modell, das Angehörige konsequent einbezieht.

Pharmakotherapie
Bei Geldspielstörungen zeigen Opioidantagonisten wie Naltrexon und Nalmefen in Studien die robusteste Evidenz zur Reduktion von Craving und Spielverhalten. Keine Substanz ist jedoch für diese Indikation offiziell zugelassen. SSRI-Befunde sind uneinheitlich, und bei komorbiden Störungen (z. B. bipolarer Erkrankung) ist eine differenzierte pharmakologische Abwägung nötig (Kraus et al., 2020; Ioannidis et al., 2024).

5.5.6 Haltung und Praxis

Die Haltung gegenüber Menschen mit Verhaltenssüchten unterscheidet sich nicht von der Arbeit bei substanzgebundenen Störungen: wertschätzend, nicht moralisierend, transparent und partizipativ. Therapieziele können – je nach Störung – Abstinenz (z. B. Geldfspiel) oder kontrollierter, funktionaler Umgang (z. B. Gaming, Online-Aktivitäten) sein. Wichtig sind klare Vereinbarungen, Angehörigenarbeit, soziale Unterstützung, Selbsthilfegruppen sowie Rückfallprophylaxe mit Fokus auf Auslöser, Emotionen und soziale Kontexte.

> Verhaltenssüchte folgen denselben Mechanismen wie Substanzabhängigkeit – wirksam sind klare Diagnostik, modulare Therapie und eine respektvolle, nicht moralisierende Haltung.

Anna

Im Verlauf der Reha wird deutlicher, dass Anna schon seit Längerem kognitive Einbussen hat. Es sind keine dramatischen Ausfälle, eher subtile Veränderungen, die im Alltag leicht übergangen werden: Sie verliert in Gesprächen schneller den Faden, fragt Details mehrfach nach und wirkt bei Parallelinformationen überfordert. In der Pflege fällt auf, dass sie morgens wiederholt nach dem Tagesplan fragt, obwohl dieser gut sichtbar an ihrer Tür hängt.

In einer Gruppensitzung bemerkt ein Psychologe, dass sie sich schwertut, mehrere Informationen gleichzeitig zu halten. Er spricht sie später ruhig darauf an: „Ich habe den Eindruck, dass es manchmal anstrengend für Sie wird, wenn viele Dinge gleichzeitig passieren." Anna zuckt mit den Schultern und sagt: „Ich war schon immer ein bisschen chaotisch." Dieser Satz klingt eher nach Selbstabwertung als nach Erklärung.

Die Ärztin nimmt das Thema in einem Einzelgespräch erneut auf. Sie erklärt: „Es gibt Hinweise, dass Ihre Aufmerksamkeit und Ihr Kurzzeitgedächtnis im Moment stärker belastet sind. Das kann viele Gründe haben – Schlaf, Stress, Blutdruck und ja: auch Alkohol über längere Zeit." Anna wirkt überrascht, aber nicht beschämt. „Ich dachte, das liegt daran, dass ich dauernd müde bin", sagt sie. Die Ärztin erklärt: „Das hängt oft zusammen. Alkohol stört den Schlaf, manchmal über Jahre, ohne dass es jemand merkt. Und Alkohol kann kognitive Prozesse beeinträchtigen, lange bevor es als "Abbau" spürbar wird. Menschen kompensieren sehr viel – besonders, wenn sie im Alltag funktionieren müssen."

In der Pflege wird das Geschehen ruhig und neutral dokumentiert: langsameres Erfassen komplexer Informationen, gelegentliche Verwechslungen von Uhrzeiten, erhöhte Ermüdbarkeit am Nachmittag. Eine Pflegefachperson sagt in einem Gespräch: „Viele Menschen merken erst hier, wie viel sie im Alltag kompensiert haben." Dieser Satz entlastet und erklärt ohne Schuldzuweisung.

In einem späteren Gespräch erwähnt Anna erneut ihre „immer guten Leberwerte". Die Ärztin klärt auf: „Es gibt Menschen, deren Leberwerte trotz regelmässigen Konsums lange normal bleiben. Das hat nichts mit Unverwüstlichkeit zu tun, sondern mit Stoffwechselvarianten. Manche bauen Alkohol so ab, dass Schäden erst spät sichtbar werden." Sie ergänzt: „Das ist kein Schutz. Im Gegenteil: Wenn Warnsignale fehlen, unterschätzt man leicht, wie viel Belastung im System ist." Sie betont aber auch: „Die Abhängigkeit selbst wird nicht vererbt. Aber vererbbar ist, wie Alkohol wirkt, wie schnell er abgebaut wird oder wie sensibel das Stresssystem reagiert. Das kann den Einstieg erleichtern, ist aber kein Schicksal."

Sie erklärt, dass Alkohol unabhängig von Laborwerten neurotoxisch wirkt: auf Schlaf-Wach-Rhythmus, Konzentrationsfähigkeit, Stressachsen, Mikronährstoffsysteme und vaskuläre Prozesse. Anna hört aufmerksam zu. Zum ersten Mal versteht sie, dass gute Laborwerte über Jahre eher Ausdruck hoher Kompensationsleistung waren – und nicht von „Robustheit".

Parallel fällt auf, dass Anna seit vielen Jahren raucht und dass die Blutdruckmessungen Werte im oberen Normbereich oder leicht darüber zeigen. Die Ärztin erklärt: „Das überfordert das System zusätzlich. Übermüdung, Stress, Alkohol und Nikotin zusammen führen oft dazu, dass die kognitiven Reserven schneller erschöpft sind." Für Anna ist diese Einordnung nachvollziehbar. Es entsteht keine Panik, sondern Klarheit.

Therapeutisch werden kleine, realistische Schritte vereinbart: Schlaf stabilisieren, Blutdruck regelmässig prüfen, Mikronährstoffe kontrollieren, das Rauchthema vorsichtig eröffnen („Wir schauen, was für Sie machbar ist"), und im Alltag kognitive Entlastung schaffen – weniger Parallelaufgaben, klarere Struktur, mehr Pausen. Die Bewegungstherapie unterstützt mit einfachen Regulationselementen; die Sozialarbeiterin hilft bei Tagesstruktur und Nachsorgeplanung.

In einem späteren Gespräch sagt Anna: „Es klingt seltsam, aber es beruhigt mich, dass es Gründe gibt. Ich dachte, ich werde einfach dumm." Der Psychologe antwortet: „Das hat nichts mit Intelligenz zu tun. Es ist ein überlastetes System. Und Systeme können sich erholen." Dieser Satz verändert viel: Anna beginnt, ihre Symptome nicht mehr als persönlichen Mangel zu sehen, sondern als verständliche Folge eines jahrelang erschöpften Körpers. Dadurch entsteht erstmals ein realistischer Raum für Hoffnung.

Literatur

American Psychiatric Association. (2022). *Diagnostic and statistical manual of mental disorders* (5th ed., text rev.). Author.

BAG. (2023). Suchtmonitoring Schweiz: Medikamentenabhängigkeit. Bundesamt für Gesundheit.

Batra, A., & Buchkremer, G. (2004). *Tabakentwöhnung: Ein Leitfaden für Therapeuten.* Kohlhammer.

Cowlishaw, S., Merkouris, S., Dowling, N., Anderson, C., Jackson, A., & Christensen, D. (2012). Psychological therapies for pathological and problem gambling. *Cochrane Database of Systematic Reviews, 11*, CD008937.

Deutsche Suchthilfestatistik. (2023). *Jahresbericht 2023*. Deutsche Hauptstelle für Suchtfragen.

Dowling, N. A., Merkouris, S. S., Greenwood, C. J., Oldenhof, E., Toumbourou, J. W., & Youssef, G. J. (2019). Early risk and protective factors for problem gambling: A systematic review and meta-analysis of longitudinal studies. *Clinical Psychology Review, 72*, 101752.

Eidenbenz, C. (2012). *Onlinesucht bei Jugendlichen: Ein manualisiertes Behandlungsprogramm*. Hogrefe.

EMCDDA. (2023). *European Drug Report 2023: Trends and Developments*. European Monitoring Centre for Drugs and Drug Addiction.

Evoy, K. E., Covvey, J. R., Peckham, A. M., Ochs, L., & Hultgren, K. E. (2021). Abuse and misuse of pregabalin and gabapentin. *Drugs, 81*(1), 125–156.

Fischer, B., Oviedo-Joekes, E., Blanken, P., Haasen, C., Rehm, J., Schechter, M. T., et al. (2007). Heroin-assisted treatment (HAT) a decade later: A brief update on science and politics. *Journal of Urban Health, 84*(4), 552–562.

GBD 2016 Alcohol Collaborators. (2018). Alcohol use and burden for 195 countries and territories, 1990–2016: A systematic analysis for the Global Burden of Disease Study 2016. *The Lancet, 392*(10152), 1015–1035.

Gesundheit Österreich GmbH (GÖG). (2022). *Suchtbericht Österreich 2022*. GÖG.

Grant, J. E., Potenza, M. N., Weinstein, A., & Gorelick, D. A. (2010). Introduction to behavioral addictions. *American Journal of Drug and Alcohol Abuse, 36*(5), 233–241.

Hajek, P., Phillips-Waller, A., Przulj, D., et al. (2019). A randomized trial of e-cigarettes versus nicotine-replacement therapy. *New England Journal of Medicine, 380*(7), 629–637.

Helbling, L., Moser, A., Rachamin, Y., & Rosemann, T. (2020). Trends in opioid prescribing in Switzerland: An analysis of insurance claims data. *Swiss Medical Weekly, 150*, w20271.

Higuchi, S., Nakayama, H., Mihara, S., Maezono, M., Kitayuguchi, T., & Hashimoto, T. (2021). Inclusion of gaming disorder criteria in ICD-11: A clinical perspective in favor. *Journal of Behavioral Addictions, 10*(1), 3–5.

Ioannidis, K., Chamberlain, S. R., & Grant, J. E. (2024). Pharmacological treatments for gambling disorder: A systematic review and network meta-analysis. *Addiction, 119*(2), 205–218.

Kim, H. S., Hodgins, D. C., Sahlem, G. L., & Grant, J. E. (2018). Conceptualizing behavioral addictions: A transdiagnostic model. *Addiction, 113*(1), 7–17.

Kraus, S. W., Potenza, M. N., Martino, S., & Grant, J. E. (2020). Examining the evidence for pharmacological treatments for gambling disorder. *Journal of Gambling Studies, 36*(2), 545–564.

Lader, M. (2011). Benzodiazepines revisited – will we ever learn? *Addiction, 106*(12), 2086–2109.

Maldonado-Murciano, L., et al. (2024). Screening and assessment tools for gaming disorder: A systematic review. *Journal of Behavioral Addictions, 13*(1), 52–67.

Nutt, D., King, L. A., & Phillips, L. (2010). Drug harms in the UK: A multicriteria decision analysis. *The Lancet, 376*(9752), 1558–1565.

Prochaska, J. J., Delucchi, K., & Hall, S. M. (2004). A meta-analysis of smoking cessation interventions with individuals in substance abuse treatment or recovery. *Journal of Consulting and Clinical Psychology, 72*(6), 1144–1156.

Rehm, J., et al. (2010). The relation between different dimensions of alcohol consumption and burden of disease. *Addiction, 105*(5), 817–843.

Soyka, M. (2017). Benzodiazepine dependence: Epidemiology, diagnosis and treatment. *Fortschritte der Neurologie Psychiatrie, 85*(4), 204–214.

Strang, J., Groshkova, T., & Uchtenhagen, A. (2015). Heroin on trial: Systematic review and meta-analysis of randomised trials of diamorphine-prescribing as treatment for refractory heroin addiction. *British Journal of Psychiatry, 207*(1), 5–14.

Vinterberg, T. (Regisseur). (2020). *Der Rausch* [Film]. Zentropa Entertainments.

Wieczorek, Ł., et al. (2021). Psychometric properties of the Gaming Disorder Test (GDT): A cross-cultural evaluation. *International Journal of Environmental Research and Public Health, 18*(12), 6649.

WHO. (2014). *Guidelines for the psychosocially assisted pharmacological treatment of opioid dependence*. World Health Organization.

World Health Organization. (2018). *Global status report on alcohol and health*. World Health Organization.

World Health Organization. (2020). *International classification of diseases for mortality and morbidity statistics* (11th Revision). World Health Organization.

World Health Organization. (2023). *No level of alcohol consumption is safe for our health*. WHO Regional Office for Europe.

Xie, Z., et al. (2025). Patterns of opioid prescribing in Europe: A comparative analysis. *Frontiers in Pharmacology, 16*, 1608051.

Yokoyama, A., et al. (2023). Nonsmoking after simultaneous alcohol abstinence and smoking cessation program associated with better drinking outcomes. *PLOS ONE, 18*(3), e0282992.

Zahr, N. M., Kaufman, K. L., & Harper, C. G. (2011). Clinical and pathological features of alcohol-related brain damage. *Nature Reviews Neurology, 7*(5), 284–294.

Komorbiditäten 6

Begleiterkrankungen sind die Regel, nicht die Ausnahme. Wir zeigen, wie Trauma, Depression, Angst, AD(H)S und Persönlichkeitsmuster Sucht beeinflussen – und wie integrative Behandlungen Stabilität schaffen.

6.1 Trauma und Sucht

Sucht und Trauma treten häufig gemeinsam auf und verstärken sich gegenseitig. Viele Betroffene nutzen Substanzen, um Symptome wie Angst, Schlaflosigkeit oder innere Leere zu dämpfen. Gleichzeitig erhöht ein suchtgeprägter Lebensstil das Risiko erneuter Traumatisierungen. Wird beides getrennt behandelt, bleiben zentrale Dynamiken unbeachtet. Eine wirksame Therapie muss deshalb Sucht- und Traumaaspekte parallel und aufeinander bezogen – also integrativ – in den Blick nehmen.

6.1.1 Was ist ein Trauma?

Ein Trauma bezeichnet eine seelische Verletzung durch ein überwältigendes Ereignis oder durch langandauernde Belastungen, die die psychischen Bewältigungsressourcen übersteigen. Während ältere Definitionen (DSM-IV, ICD-10) nur akute Bedrohungen wie schwere Unfälle, Naturkatastrophen oder Gewalt einbezogen, gilt heute ein breiteres Verständnis. Auch chronische zwischenmenschliche Erfahrungen wie emotionale Misshandlungen, Missbrauch, Vernachlässigung oder häusliche Gewalt können gravierende Traumafolgen haben. Solche Bindungs- oder

C. Lorenz, *Integrative Suchttherapie*, https://doi.org/10.1007/978-3-662-73257-1_6

Entwicklungstraumata wirken oft nachhaltiger als einmalige Ereignisse. Ebenso werden kollektive Traumata wie Krieg, Flucht oder Diskriminierung anerkannt. Entscheidend ist nicht das Ereignis selbst, sondern die subjektive Erfahrung existenzieller Bedrohung und Überforderung. Die ICD-11 trägt diesem erweiterten Verständnis Rechnung, etwa mit der Diagnose der Komplexen PTBS (WHO, 2020).

6.1.2   Gedächtnispsychologie der Exposition

Traumatische Erlebnisse werden häufig nicht als geordnete Erzählung abgespeichert, sondern als fragmentierte Sinnes- und Gefühlsbruchstücke. Anstelle einer zusammenhängenden Erinnerung bleiben sensorische Fragmente, Körperempfindungen oder intensive Emotionen zurück. Schon die Aktivierung kleiner Teile einer Erinnerung (Trigger) kann heftige Reaktionen wie Flashbacks, Panikattacken oder Dissoziationen auslösen.

Exposition in der Therapie bedeutet, diese Fragmente im geschützten Rahmen wieder aufzurufen und sprachlich zu verarbeiten. Durch ausführliche Verbalisierung wird das traumatische Geschehen Schritt für Schritt in einen autobiografischen Kontext eingeordnet. Bildlich gesprochen fügt sich das „Traumapuzzle" zusammen. Das zuvor sprachlos abgespaltene Entsetzen erhält Worte und Ordnung, wird als vergangen eingeordnet und kann so – wenn auch nicht an allgemeinem Schrecken – an akuter Bedrohlichkeit verlieren. Ein Prozess der kognitiven Neubewertung setzt ein. Infolge dieser Gedächtnisverarbeitung sinkt die Symptomlast messbar – Intrusionen, Übererregung und unkontrollierte Erinnerungen nehmen ab (Schnyder et al., 2015).

6.1.3   Gemeinsame Wirkfaktoren
traumatherapeutischer Verfahren

Es gibt zahlreiche evidenzbasierte Traumatherapieverfahren – etwa die Narrative Expositionstherapie (NET), Imagery Rescripting & Reprocessing Therapy (IRRT), EMDR oder die Brief Eclectic Psychotherapy for PTSD (BEPP). Ihre Gemeinsamkeiten sind oft bedeutsamer als ihre Unterschiede.

Schnyder et al. (2015) zeigten in einer internationalen Übersicht, dass die Kernwirkprinzipien nahezu aller erfolgreichen PTBS-Behandlungen übereinstimmen. Dazu gehören insbesondere:

- Psychoedukation,
- Förderung der Affektregulation (Coping-Skills),
- kontrollierte Konfrontation mit traumatischen Erinnerungen (meist in sensu, d. h. in der Vorstellung),
- kognitive Verarbeitung und Neubewertung,
- Integration des Erlebten ins Lebensnarrativ.

Zentral ist zudem eine tragfähige therapeutische Beziehung, die Sicherheit vermittelt. Diese Wirkfaktoren finden sich in allen bekannten Methoden und tragen massgeblich zum Behandlungserfolg bei.

6.1.4   Traumaspezifische Verletzungen psychologischer Grundbedürfnisse (nach Grawe)

Traumatische Erfahrungen greifen tief in die vier psychologischen Grundbedürfnisse ein, wie sie Grawe (1998, 2004, s. Kap. 6) beschrieben hat: Bindung (Sicherheit in zwischenmenschlichen Beziehungen), Orientierung und Kontrolle (die Umwelt verstehen und beeinflussen können), Selbstwert (sich als wertvoll erleben) und Lustgewinn/Unlustvermeidung (Freude erleben und Leid vermeiden).

Ein Trauma kann jedes dieser Bedürfnisse erschüttern: Bei Bindung etwa durch Verrat und Vertrauensbruch, bei Kontrolle durch die Erfahrung völliger Hilflosigkeit, bei Selbstwert durch Demütigung und Beschämung. Das Bedürfnis nach Lustgewinn bzw. Unlustvermeidung wird unter chronischem Stress ebenfalls verletzt – viele Betroffene erleben anhaltende Freudlosigkeit oder vermeiden aktiv Erinnerungen. Das bringt kurzfristig Entlastung, führt langfristig aber zu neuen Problemen.

Diese tiefen Verletzungen erklären, warum traumatisierte Menschen auf Symptomebene oft zwischen Überkontrolle, Abspaltung/Dissoziation und impulsiven Bewältigungsversuchen schwanken. Sie versuchen, das verlorene Gleichgewicht wiederzufinden – sei es durch strenge Kontrolle der Umwelt und Gefühle, durch Rückzug ins Innere oder durch die hastige Flucht in Substanzen und andere schnelle Bewältigungsstrategien.

6.1.5   Hilfe durch Skills und langfristiges Stressmanagement

In einer integrativen Traumatherapie geht es nicht nur um die Konfrontation mit dem Trauma, sondern auch um praktische Unterstützung zur Emotionsregulation im Alltag. Dazu gehören erlernbare Skills wie Kälteimpulse, körperliche Bewegung oder Atemtechniken, ebenso wie soziale Stabilisierung und das Einüben neuer Coping-Strategien.

Gerade in der Suchttherapie ist dies zentral: Viele Betroffene nutzen Alkohol oder Drogen, um überwältigende Gefühle zu betäuben oder zu „managen". Traumatherapeutische Ansätze setzen hier an, indem sie alternative Strategien vermitteln („Skills statt Substanz") und die schrittweise Konfrontation mit belastenden Erinnerungen begleiten.

Wichtig ist ein flexibles Vorgehen: Überfordernde Exposition wird vermieden. Stattdessen erfolgt die Bearbeitung in tolerierbaren Dosen, parallel zur Rückfallprophylaxe.

6.1.6 Empirische Befunde

Empirische Befunde unterstreichen die Notwendigkeit einer traumasensiblen Vorgehensweise. Odenwald und Semrau (2013) konnten zeigen, dass Patient:innen mit hoher Traumabelastung deutlich häufiger aus der Suchtbehandlung aussteigen, wenn keine traumasensible und bindungsorientierte Begleitung erfolgt. Ein rein auf die Sucht fokussierter Ansatz übersieht zentrale Bedürfnisse dieser Patient:innen.

Die Autoren betonen, wie wichtig es ist, bereits bei der Anamnese traumaassoziierte Themen anzusprechen – etwa erlittene Gewalt, Verlusterfahrungen oder dysfunktionale Bewältigungsversuche – statt sie auszuklammern. Eine traumasensitive Erstkontaktgestaltung kann das Vertrauen stärken und Therapieabbrüche verhindern.

Ein zentrales Anliegen aktueller Diskussionen ist zudem die Abkehr vom sequenziellen Paradigma, bei dem erst die Sucht und später das Trauma behandelt wird. Die Evidenz spricht klar für integrative Therapieansätze, bei denen Stabilisierung, Traumabearbeitung und Rückfallprophylaxe parallel und individuell angepasst erfolgen. Cloitre et al. (2021) und Mills et al. (2012) zeigen, dass eine gleichzeitige Behandlung von Traumafolgestörung und Substanzabhängigkeit mit niedrigeren Abbruchquoten und besseren Langzeiteffekten verbunden ist. Auch internationale Richtlinien empfehlen, Patient:innen nicht unnötig lange auf eine Trauma-Behandlung warten zu lassen, selbst wenn noch kein vollständiger Substanzstopp erreicht ist.

Ergänzend zeigen Studien (z. B. Schäfer et al., 2019), dass traumafokussierte Exposition auch im Kontext einer Substanzstörung sinnvoll und sicher durchgeführt werden kann – vorausgesetzt, der therapeutische Rahmen ist tragfähig und die Betroffenen sind ausreichend stabil und motiviert. Neuere Untersuchungen belegen, dass Expositionsverfahren wie Prolonged Exposure auch bei Patient:innen mit aktiver Sucht die PTBS-Symptomatik reduzieren können, ohne die Suchterkrankung zu verschlimmern. Integrative Behandlungsformate, die traumaspezifische Interventionen und rückfallpräventive Elemente verbinden, sind daher besonders relevant.

6.1.7 Interprofessionelle Ansätze: Körper und Kreativität als Ressourcen

Neben der klassischen Gesprächstherapie gewinnen ganzheitliche und kreative Methoden an Bedeutung. Traumasensitives Yoga, Kunst- und Musiktherapie sowie körperorientierte Verfahren wie Somatic Experiencing oder Biofeedback werden in vielen Traumazentren ergänzend eingesetzt. Ziel ist es, Körperwahrnehmung, Affektregulation und das Gefühl von Selbstwirksamkeit zu fördern.

Viele Betroffene empfinden solche körper- oder ausdrucksorientierten Ansätze als hilfreich, insbesondere dann, wenn Gefühle sprachlich nur schwer zugänglich sind. Die Evidenzlage ist allerdings gemischt: Positive Effekte – etwa Verbesserungen von PTBS-Symptomen durch Yoga oder Achtsamkeitstraining – sind dokumentiert, stammen jedoch häufig aus Pilotstudien oder Einzelfallberichten. Meta-Analysen weisen auf methodische Einschränkungen hin; insgesamt gilt die Befundlage als noch nicht robust.

Wichtig ist daher, diese Methoden als ergänzende Ressource im Gesamtbehandlungsplan einzusetzen – nicht als Ersatz für evidenzbasierte traumatherapeutische Kernverfahren. Sie können die Therapie bereichern, ersetzen jedoch keine konfrontative Bearbeitung oder psychotherapeutische Aufarbeitung.

▶   Sucht und Trauma müssen integrativ behandelt werden.

6.2 Depression und Sucht

Depressionen zählen zu den häufigsten psychischen Begleiterkrankungen bei Menschen mit Abhängigkeitserkrankungen. Schätzungen zufolge leiden 30–50 % der Personen mit substanzbezogener Störung zusätzlich unter einer depressiven Episode oder einer affektiven Störung im weiteren Sinne (Hohagen & Rüther, 2019; Bschor et al., 2023). In einigen Suchtverläufen geht die depressive Symptomatik der Abhängigkeit voraus, in anderen ist sie Folge langjähriger Konsummuster oder der damit verbundenen psychosozialen Krisen. Mitunter handelt es sich auch um Entzugssymptome, die fälschlich als Depression interpretiert werden.

Diese Komplexität stellt eine besondere Herausforderung dar: Depression und Sucht verstärken sich häufig gegenseitig – in Symptomen, Alltagsauswirkungen und Behandlungshemmnissen. Eine integrative und individualisierte Diagnostik und Therapieplanung ist daher essenziell.

6.2.1 Klassische Symptome und Schweregrade

Die Depression im engeren Sinn (Major Depression) ist durch mindestens zwei Kernsymptome gekennzeichnet:

- gedrückte Stimmung,
- Interessenverlust und Freudlosigkeit,
- verminderter Antrieb oder erhöhte Erschöpfbarkeit.

Häufig treten weitere Symptome hinzu, etwa Konzentrationsstörungen, Schuldgefühle, Selbstwertprobleme, Schlafstörungen, Appetitveränderungen oder Suizidgedanken.

Für die Diagnosestellung gemäss ICD-10 oder DSM-5 ist eine bestimmte Mindestanzahl und -dauer dieser Symptome erforderlich.

Somatisches Syndrom

Das sogenannte „somatische Syndrom" ist ein Zusatzkriterium bei mittelschweren bis schweren depressiven Episoden. Es umfasst u. a. eine ausgeprägte morgendliche Depression, Schlafstörungen mit frühem Erwachen, psychomotorische Hemmung oder Agitiertheit, Appetitverlust und Libidoverlust.

Schweregrade der Depression

Leicht: Zwei Hauptsymptome plus zwei Zusatzsymptome
Mittel: Zwei Hauptsymptome plus drei bis vier Zusatzsymptome
Schwer: Drei Hauptsymptome plus fünf oder mehr Zusatzsymptome

Diese Einteilung dient nicht nur der Diagnostik, sondern auch der Therapieplanung – insbesondere zur Frage, ob eine medikamentöse Behandlung angezeigt ist.

Einfache vs. rezidivierende Episoden

Depressive Episoden können isoliert auftreten oder wiederkehren. Eine rezidivierende depressive Störung liegt vor, wenn nach Abklingen der Symptome mindestens eine weitere Episode folgt. Auch chronische Verläufe und das Anhalten der depressiven Verstimmung (Dysthymie) sind möglich – was die therapeutische Planung zusätzlich erschwert.

6.2.2 Depression als Folge von Suchtmittelkonsum

Vor allem bei Alkohol und Benzodiazepinen ist bekannt, dass deren langfristiger Konsum depressive Symptome auslösen oder verstärken kann. In depressiven Phasen verstärkt sich häufig auch der Konsum – oft zur kurzfristigen Emotionsregulation. Neurobiologisch wird dies u. a. mit einer Beeinträchtigung dopaminerger und serotonerger Systeme durch chronischen Konsum erklärt (Nestler, 2013).

Bei Kokain sind Stimmungsabfälle besonders ausgeprägt: Nach Konsumphasen kommt es häufig zu einem „Crash" mit Erschöpfung, Dysphorie und Schlafstörungen, gefolgt von einer Entzugsphase über Tage bis Wochen mit Anhedonie, Reizbarkeit und depressiver Stimmung; in der Extinktionsphase bleiben stress- oder cue-getriggerte Tiefs bestehen. Klinisch relevant: Depressive Symptome in der Kokainabstinenz erhöhen Rückfall- und Suizidrisiko und sollten differenzialdiagnostisch als *substanz-/medikationsinduzierte depressive Symptomatik* erfasst und eng monitorisiert werden (Revadigar & Urits, 2022; Cabé et al., 2021; NIDA, 2024).

6.2.3 Relevanz für die Behandlung

Eine depressive Symptomatik erschwert nicht nur die Motivation zur Abstinenz, sondern auch die Aufrechterhaltung therapeutischer Vereinbarungen. Besonders kritisch ist der Umgang mit Suizidalität. Sie gehört zu den zentralen Leitsymptomen schwerer Depressionen, wird in diesem Buch jedoch separat behandelt (Abschn. 4.5).

6.2.4 Diagnostik und therapeutische Ansätze

Differenzialdiagnostisch ist zu unterscheiden zwischen substanzinduzierter Depression, depressiven Entzugssymptomen und einer eigenständigen affektiven Störung.

Therapeutische Ansätze sollten integrativ erfolgen, z. B. durch die Kombination suchttherapeutischer Stabilisierung mit psychotherapeutischen Verfahren zur Depressionsbehandlung (z. B. kognitive Verhaltenstherapie, interpersonelle Therapie).

Ab mittelgradigen depressiven Episoden sollen Patient:innen gleichwertig Psychotherapie oder eine medikamentöse Therapie angeboten bekommen; bei akuten schweren Episoden wird eine Kombination aus Antidepressivum und Psychotherapie empfohlen (Bundesärztekammer [BÄK], Kassenärztliche Bundesvereinigung [KBV] & AWMF, 2022).

6.2.5   Haltung und Beziehungsgestaltung

Depressionen gehen mit hohem Leidensdruck einher, häufig auch mit Rückzug, Resignation sowie – in der Suchtbehandlung besonders bedeutsam – Scham- und Schuldgefühlen. Therapeutisch hilfreich sind:

- Entpathologisieren und Normalisieren der Symptomatik,
- Validierung der depressiven Erlebnisweise,
- Förderung kleiner Handlungsschritte („behavioral activation"),
- transparente Aufklärung über Wechselwirkungen von Konsum und Stimmung.

▶ Depression und Sucht verstärken sich gegenseitig – nur eine parallele, integrative Behandlung kann beiden Krankheitsbildern gerecht werden.

6.3   Angst und Sucht

Angststörungen gehören zu den häufigsten komorbiden Störungen bei Menschen mit Abhängigkeitserkrankungen. Viele Betroffene berichten, sie hätten mit Alkohol, Benzodiazepinen, Cannabis oder Stimulanzien versucht, innere Unruhe, Grübeln, körperliche Alarmreaktionen oder soziale Ängste zu dämpfen. Kurzfristig gelingt das oft – der Organismus lernt jedoch, dass „Nicht-Fühlen" und „Vermeiden" belohnt werden. Mit der Zeit werden Symptome hartnäckiger, Exposition wird seltener, die Selbstwirksamkeit sinkt, und der Substanzkonsum gewinnt an Funktion. Es entsteht ein eingeübter Kreislauf aus Angst, Vermeidung und Konsum, der die Störung aufrechterhält.

Effektive Behandlung unterbricht genau diese Logik: Angst wird wieder durchgestanden und verstanden, statt pharmakologisch „weg gedrückt" zu werden (Bandelow et al., 2021; Wolitzky-Taylor et al., 2023).

6.3.1 Diagnostik: erfassen, unterscheiden, im Verlauf prüfen

Im Erstkontakt lohnt sich ein kurzes, strukturiertes Screening, etwa mit dem GAD-7, ergänzt um gezielte Fragen zu Panikanfällen, Agoraphobie und sozialer Angst. Diagnostisch ist der Zeitbezug zum Substanzkonsum entscheidend: Treten die Symptome vor allem in Intoxikation, Entzug oder unmittelbar danach auf, spricht dies für eine substanz-/medikationsinduzierte Angststörung; persistieren sie auch in stabileren Abstinenzphasen, ist eine primäre Angststörung wahrscheinlicher.

Die AWMF-S3-Leitlinie empfiehlt, die Symptomatik nach Stabilisierungs- bzw. Abstinenzphasen erneut zu beurteilen und die Behandlungsplanung daran auszurichten (Bandelow et al., 2021; Spitzer et al., 2006; Löwe et al., 2008).

6.3.2 Substanzspezifische Verknüpfungen

Alkohol: Anfänglich anxiolytisch, langfristig jedoch Rebound-Angst, Schlafstörungen und erhöhte physiologische Erregung – Angst wird so selbst zum Trigger für erneuten Konsum. Leitlinien betonen die Behandlung der Angststörung, um Rückfälle zu reduzieren.

Benzodiazepine: Wirken akut zuverlässig, sind aber nicht Mittel der ersten Wahl bei Angststörungen und für die Langzeitbehandlung nicht empfohlen -Toleranzentwicklung, Abhängigkeitsrisiko und kognitive Nebenwirkungen sprechen dagegen; in Suchtkontexten ist Zurückhaltung oberstes Gebot (Bandelow et al., 2021; NICE, 2011 ff.).

Pregabalin: Kann bei generalisierter Angst wirksam sein, besitzt jedoch ein erkennbares Missbrauchs-/Abhängigkeitspotenzial; es braucht klare Indikation, enge Aufklärung und Monitoring in suchtbelasteten Populationen.

Stimulanzien (z. B. Kokain): Reduzieren soziale Hemmungen. Typisch sind der „Crash" mit Dysphorie, Erschöpfung und Schlafstörungen sowie Entzugsphasen mit ausgeprägter Anhedonie, Reizbarkeit und ängstlich-depressiver Stimmung; sie erhöhen Rückfall- und – bei vulnerablen Personen – Suizidrisiken und sollten differenzialdiagnostisch als substanzinduzierte Symptomatik erfasst werden (NICE, 2011ff.; Cabé et al., 2021).

6.3.3   Therapie: Verhalten ändert Gefühle – nicht umgekehrt

Der Kern wirksamer Angstbehandlung ist verhaltenstherapeutisch: Psycho-edukation, Angstmanagement (Atem, interozeptive Übungen), kognitive Umstrukturierung und vor allem Exposition – geplant, dosiert, wiederholt.

Die zentrale Lernerfahrung lautet: „Ich kann Angst aushalten, ohne zu vermeiden oder zu konsumieren; Alarm nimmt ab, wenn ich bleibe." Exposition wird mit Stabilisierung, Rückfallprävention und tragfähiger therapeutischer Beziehung verzahnt. In randomisierten Studien zeigen Programme, die Angst und Substanzkonsum parallel adressieren, bessere Effekte als Suchtbehandlung allein – nicht spektakulär, aber klinisch relevant und anhaltend (Bandelow et al., 2021; Wolitzky-Taylor et al., 2023; McHugh et al., 2010).

Pharmakotherapie: führend sind SSRI/SNRI, Benzodiazepine sind keine Langzeitlösung

Entsprechend der Leitlinien sind SSRI oder SNRI Mittel der ersten Wahl, abhängig von Störungsbild, Präferenz, Komorbiditäten und Verträglichkeit. Sie werden strukturiert eingesetzt (langsames Eindosieren, Aufklärung über Latenz, Nebenwirkungen, Adhärenz).

Benzodiazepine sind – wenn überhaupt – nur sehr kurzzeitig und klar begründet zu verwenden, z. B. in akuten Krisen, mit eindeutiger Exit-Strategie. Wo sinnvoll, können alternative Add-ons erwogen werden; entscheidend ist, dass die medikamentöse Versorgung die psychotherapeutische Arbeit nicht ersetzt, sondern begleitet (Bandelow et al., 2021; NICE, 2011ff.).

Rückfallprophylaxe: Angst als Signal, nicht als Notfall

Suchtbehandlung bleibt nur stabil, wenn Angstsysteme nicht länger „ausser Dienst" gestellt werden. Rückfallpläne integrieren deshalb Angst-Trigger (Situationen, Körperempfindungen, Gedanken).

Frühwarnzeichen werden benannt, Reaktionsketten vorbereitet: innehalten, atmen, bewerten, handeln statt vermeiden. Expositionen werden kleinschrittig geplant, dokumentiert und ausgewertet. So verschiebt sich die Bilanz: weniger kurzfristige Erleichterung durch Vermeidung, mehr langfristiger Zugewinn an Kontrolle und Lebensqualität. Dieser Funktionsgewinn ist das beste Rückfallprophylaxe-Programm.

6.3.4 Therapeutische Haltung: validierend, entkatastrophisierend, transparent

Angst ist leidvoll und häufig schambesetzt. Eine Haltung, die Gefühle ernst nimmt, aber nicht dramatisiert; die Zusammenhänge erklärt, statt zu moralisieren; die kleine Schritte würdigt und konsequent üben lässt –macht den Unterschied.

Patient:innen erleben dann nicht „Sie dürfen keine Angst haben", sondern „Sie können sie bewältigen".

► Angst wird stärker, wenn man ihr ausweicht oder sie betäubt – Stabilität entsteht, wenn Angst geübt wird, nicht gedämpft.

6.4 AD(H)S und Sucht

AD(H)S (Aufmerksamkeitsdefizit-/Hyperaktivitätsstörung) gehört zu den häufigsten neuroentwicklungsbedingten Störungen. Zunehmend wird sie im Rahmen von Neurodivergenz verstanden: nicht als Defizit, sondern als Variante neurologischer Funktionsweisen mit besonderem Profil in Aufmerksamkeit, Reizverarbeitung und Affektsteuerung. Viele Betroffene erleben Anforderungen weniger als „zu schwierig", sondern als nicht passend strukturiert – und stossen in alltagsnahen Umgebungen auf Reizüberflutung, Unterstimulation oder unklare Erwartungen. Diese Passungsprobleme sind ein Nährboden für Stress, Selbstkritik und kompensatorische Strategien.

Neurobiologisch stehen Veränderungen frontostriataler Netzwerke im Vordergrund (u. a. präfrontaler Cortex, Striatum). Exekutivfunktionen wie die Unterdrückung von Impulsen, Planung, Arbeitsgedächtnis und Aufmerksamkeitsfokussierung sind hier verankert; eine verminderte dopaminerge Verfügbarkeit in diesen Arealen gilt als zentraler Mechanismus (Volkow et al., 2009).

6.4.1 Begriff und Typen

Im Folgenden wird das Störungsbild als „AD(H)S" bezeichnet, weil es sowohl mit als auch ohne ausgeprägte Hyperaktivität auftreten kann. Der vorwiegend unaufmerksame Typus (oft als „ADS" bezeichnet) zeigt sich weniger durch äussere Unruhe als durch Ablenkbarkeit, Startschwierigkeiten, rasches Gedankenabschweifen, Vergesslichkeit, Probleme in Planung/Arbeitsgedächtnis und das Gefühl, Reize nicht zuverlässig zu filtern. Aussen wirkt das oft „still" oder „träumerisch", innerlich ist es anstrengend und führt leicht zu Selbstkritik und Überforderung. Im Suchtkontext suchen Betroffene dann mitunter kurzfristige Hilfen für Fokus oder Entlastung (z. B. Nikotin, Alkohol, Cannabis, Stimulanzien) – ein Selbstmedikationspfad, der ohne Alternativen rasch zur Gewohnheit werden kann.

6.4.2 Epidemiologie und Komorbidität

Komorbide Störungen sind häufig und prägen Verlauf und Behandlung (Kessler et al., 2006; Polanczyk et al., 2007): affektive und Angststörungen, Schlafstörungen, somatoforme Beschwerden, Traumafolgestörungen, Zwangssymptome und Persönlichkeitsakzentuierungen. Diagnosen erfolgen oft spät – insbesondere bei Frauen, deren Präsentation in Kindheit und Jugend eher mit „Träumerei", „Sensibilität" oder „angepasster Leistungsstärke" etikettiert wurde (Quinn, 2005; Young et al., 2020).

6.4.3 Warum ADHS und Sucht so oft zusammen auftreten

Viele Betroffene berichten innere Unruhe, Reizoffenheit oder emotionale Dysregulation. Substanzen (z. B. Alkohol, Cannabis, Stimulanzien, Beruhigungsmittel) können kurzfristig Erleichterung verschaffen: mehr Fokus, reduzierte Anspannung, soziale Erleichterung (Groenman et al., 2013). Ohne Alternativen verfestigen sich diese Wirkungen zu Funktionszuständigkeiten der Substanzen – es entsteht ein Konsummuster, das die erhofften Effekte immer seltener und kürzer liefert, aber Risiken deutlich erhöht.

In dieser Logik „nutzt" Sucht ADHS-typische Vulnerabilitäten: Impulsivität fördert schnelle Entscheidungen unter Stress; Sensation Seeking verstärkt die Suche nach starker Stimulation; Zeitinkonsistenz (Gegenwartsfokus) macht kurzfristige Erleichterung attraktiver als langfristigen Nutzen. Die Folge: Konsumereignisse werden zum eingelernten Problemlöser, obwohl sie den Problemraum vergrössern.

6.4.4 Diagnostik im Suchtkontext: präzise, phased, geschlechtersensibel

Im Erstkontakt ist eine strukturierte Symptomerfassung angezeigt (Anamnese, Beobachtung, fremdanamnestische Hinweise). Zu beachten sind Substanzphasen: Unter Intoxikation oder im Entzug können ADHS-Symptome über- oder unterschätzt werden. Sinnvoll ist daher ein phasenweises Vorgehen: erst Hypothesenbildung, dann Stabilisierung bzw. Reduktion akuter Substanzeffekte und schliesslich ein Re-Assessment in belastbaren Alltagsbedingungen.

Bei Frauen lohnt der Blick auf zyklusabhängige Schwankungen: In der zweiten Zyklushälfte, insbes. in der prämenstruellen Phase, berichten viele Frauen mehr Reizoffenheit, Stimmungslabilität und Konzentrationsprobleme – mit Auswirkungen auf Planung, Impulskontrolle und Belastbarkeit. Das Verständnis zyklischer Schwankungen hilft, Überforderungen vorauszuplanen (z. B. anspruchsvolle Aufgaben nicht in Phasen maximaler Reizoffenheit zu bündeln; mehr Mikropausen; soziale oder berufliche Puffer). Die psychoedukative Botschaft lautet: Schwankungen sind kein persönliches Versagen, sondern biologische Variabilität, auf die man antworten kann – mit Planung, Selbstmitgefühl und Umfeldabsprachen (de Jong et al., 2023).

6.4.5   Pharmakotherapie: Nutzen, Risiko, Einbettung

Methylphenidat wurde lange wegen vermuteten Missbrauchspotenzials zurückhaltend beurteilt (Clemow & Walker, 2014). Systematische Übersichten zeigen: Bei indizierter, strukturierter Anwendung im Gesamtkonzept ist das Abhängigkeitspotenzial gering; im Gegenteil kann eine wirksame ADHS-Behandlung das Risiko späterer substanzbezogener Störungen senken (Lee et al., 2011; Chang et al., 2014). Entscheidend sind Indikationsklarheit, Dosisfindung, Aufklärung, Monitoring – und dass Medikation Therapie nicht ersetzt, sondern unterstützt.

Nicht-medikamentöse Stützen bleiben parallel wichtig: Psychoedukation, Tagesstruktur, Umgebungsdesign (Reiz- und Aufgabenmanagement), arbeitsbezogene Anpassungen (übersichtliche To-Do-Listen führen, Arbeitspakete bilden, visuelle Fortschrittsmarker setzen, klare Deadlines) und Affekt-/Stressregulation (z. B. Kurzpausen, Körperaktivierung, „Dopaminplanung" über natürlich belohnende Aktivitäten).

6.4.6   Therapeutische Haltung und Setting

Wirksam ist eine neurodivergenzfreundliche Haltung: Statt ausschliesslich rückfallzentriert auf Konsum zu fokussieren, werden Auslöser–Funktion–Konsequenzen von Konsumereignissen im Kontext der ADHS-Bewältigungsmuster verstanden. Das Setting stellt Sicherheit und Struktur bereit, reduziert unnötige Reize, macht Erwartungen sichtbar (Checklisten/Boards), würdigt kleine Schritte und arbeitet konsequent mit präferenzbasierten Zielen.

Die Sprache ist entpathologisierend: nicht „fehlende Disziplin", sondern unpassende Umwelt–Aufgaben–Reizkonstellationen.

6.4.7 Praxis: Gestaltung von Umfeld und Alternativen

- Fokus statt Flucht: Aufgaben kleinschrittig mit Zeitmarkern; sichtbare Fortschrittsfeedbacks.
- Dopamin bewusst planen: tägliche Mikrobelohnungen, Aktivierung, soziale Mikro-Interaktionen.
- Reizmanagement: Trigger erkennen (Überlast, Langeweile), Tätigkeiten rotieren, Pausen als Intervention verstehen.
- Krisenpläne: Wenn Impuls hoch, zuerst Pause–Bewegung–Atem–Kontakt; dann erst Entscheidung.
- Team/Umfeld einbinden: Erwartungen, Deadlines, Rückmeldungen transparent machen; Bewertung durch konkretes Verhalten, nicht globale Etiketten.

▶ ADHS ist eine Variante der Hirnorganisation; gelingt die Umwelt-Passung, sinken Überforderung und Kompensationsverhalten.

6.5 Persönlichkeitsstörungen und Sucht

Persönlichkeitsstörungen (PS) zählen in klinischen Populationen zu den häufigsten Diagnosen und treten besonders oft gemeinsam mit Substanzgebrauchsstörungen auf. PS sind durch überdauernde Muster des Erlebens, Denkens, Fühlens und Handelns gekennzeichnet, die deutlich von soziokulturellen Erwartungen abweichen und zu Leid oder Beeinträchtigungen führen (ICD-11; WHO, 2022).

Die ICD-11 rückt den Schweregrad der Störung in den Vordergrund (leicht, mittel, schwer) und ergänzt ihn um merkmalsbezogene Qualifikatoren (z. B. Negative Affektivität, Dissozialität, Disinhibition). Kategoriale Subtypen spielen eine geringere Rolle als in der ICD-10, behalten in Praxis und Forschung jedoch Relevanz – insbesondere die emotional-instabile Persönlichkeitsstörung (Borderline-Typ).

6.5.1 Komorbidität mit Substanzgebrauchsstörungen

Komorbiditäten sind nicht Zufall, sondern häufige Überlappungen: Bis zu 65 % der Patient:innen mit Borderline-Persönlichkeitsstörung (BPS) erfüllen Kriterien einer Substanzgebrauchsstörung (Trull et al., 2000). Umgekehrt weisen 30–50 % der Menschen mit Abhängigkeit eine komorbide PS auf (Verheul, 2001). Gemeinsame Entwicklungsbedingungen – z. B. bindungsbezogene Traumatisierungen, invalidierende Umwelten und Defizite in der Affektregulation – können beide Störungsbilder begünstigen.

6.5.2 Klinische Besonderheiten im Suchtkontext

Diagnostisch und therapeutisch sind PS im Suchtkontext herausfordernd. Ihre Symptome – etwa Impulsivität, affektive Instabilität, Misstrauen oder Vermeidung – beeinflussen die therapeutische Beziehung, die Kooperationsbereitschaft und die Behandlungsziele. Menschen mit PS gelten als schwer behandelbar, „beziehungsschwierig" oder chronisch. Gerade im suchtmedizinischen Alltag besteht das Risiko, solche Zuschreibungen zu verfestigen – und damit einer systemischen Stigmatisierung Vorschub zu leisten. Hier ist eine professionelle Haltung gefragt, die Verhaltensweisen funktional interpretiert und Veränderungsmöglichkeiten eröffnet.

PS-typische Muster prägen damit Beziehungsgestaltung, Zielarbeit und Adhärenz. Therapeutisch hilfreicher als Etiketten ist eine funktionale Sichtweise: Verhalten als Ausdruck eines gestörten inneren Gleichgewichts zu verstehen – nicht als „Fehlcharakter". Das erleichtert validierende, grenzklare und konsistente Interventionen.

6.5.3 Emotional-instabile Persönlichkeitsstörung: Varianten und Dynamiken

Die emotional-instabile PS ist der häufigste PS-Subtyp im Kontext von Sucht. Man unterscheidet:

- Impulsiver Typ: Affektlabilität, geringe Frustrationstoleranz, explosive Durchbrüche. Substanzkonsum dient häufig der Impulskontrolle oder Spannungsabfuhr.
- Borderline-Typ: Zusätzlich Instabilität von Selbstbild und Beziehungen, innere Leere, ausgeprägte Suizidalität und Selbstverletzungen. Substanzen übernehmen oft die Funktion der Affektregulation, der Selbstberuhigung oder der Bewältigung von Nähe-Distanz-Konflikten.

Beiden Varianten gemeinsam ist eine Störung von Emotions- und Impulsregulation. Sekundär treten dissoziative Phänomene, massiver innerer Druck, Misstrauen und soziale Konflikte auf. Substanzen verschaffen kurzfristig Erleichterung, verschärfen mittel- bis langfristig jedoch Instabilität, Konflikte sowie Schuld-/Schamspiralen – es entstehen Zirkularitäten, die im therapeutischen Prozess erkennbar und veränderbar gemacht werden müssen.

6.5.4 Therapeutische Implikationen: Rahmen, Haltung, Verfahren

Viele Betroffene fallen zwischen „Tische und Stühle": Suchtsettings sind nicht immer auf intensive interaktionelle Prozesse vorbereitet; stationäre DBT-Programme setzen mitunter aktive Substanzfreiheit voraus bzw. reagieren mit harten Konsequenzen auf Regelbrüche. Umso wichtiger ist ein klar strukturierter, transparenter und sicherer Rahmen mit validierender Grundhaltung – verbunden mit gutem Selbstschutz des Teams (Grenzen, Konsistenz, Supervision).

Die Dialektisch-Behaviorale Therapie (DBT) nach Linehan (1993) ist für die Behandlung von BPS evidenzbasiert; das DBT-Sucht-Modul (DBT-S) adressiert gezielt Substanzkonsum als Spannungsregulationsstrategie (Schäfer & Lieb, 2010). Zentrale Elemente sind Psychoedukation, Skills-Training (Achtsamkeit, Stresstoleranz, Emotionsregulation, zwischenmenschliche Wirksamkeit), Kontingenzmanagement und Rückfallprophylaxe mit klaren Vereinbarungen.

Weitere wirksame psychotherapeutische Ansätze (je nach Indikation und Setting): Mentalisierungsbasierte Therapie (MBT), Schematherapie, Übertragungsfokussierte Psychotherapie (TFP) und Good Psychiatric Management (GPM). Gemeinsame Nenner: Beziehungskontinuität, Validierung, klare Struktur sowie Training von Affekt- und Impulsregulation.

Team- und Pflegearbeit: In multiprofessionellen Settings sind klare Regeln, transparenter Umgang mit Grenzen, einheitliche Reaktionen und das Zulassen von Ambivalenz essenziell. Affekttoleranz ist beidseitig zu fördern – bei Patient:innen und im Team. Räume für Selbstfürsorge und kollegiale Reflexion schützen vor Erschöpfung und Reinszenierungen.

6.5.5 Umgang mit Selbstverletzungen

Selbstverletzendes Verhalten fordert Teams emotional und organisatorisch heraus. Wirksam ist ein nicht-bestrafender, transparenter Umgang, der die Funktion des Verhaltens würdigt, Verstärkung vermeidet und klare, vorab vereinbarte Krisenpläne nutzt. Einheitliche Reaktionsketten (Wer macht was? Wann wird somatisch abgeklärt? Wie erfolgt Rückkehr ins Setting?) verhindern eskalierende Interaktionsmuster und halten den Fokus auf Sicherheit, Lernen und Beziehungsstabilität.

6.5.6 „Spaltung" präziser verstehen

Das häufig genutzte Wort „Spaltung" beschreibt die Tendenz, Personen oder Institutionen wechselnd idealisiert oder abgewertet wahrzunehmen. Der Begriff wird leicht missverständlich als bewusst herbeigeführte Manipulation gelesen. Klinisch angemessener ist es, das Muster als frühe Überlebensstrategie zu verstehen: eine hohe Sensitivität gegenüber Stimmungen, Spannungen und unausgesprochenen Erwartungen der Umgebung, die damals Schutz bot und heute zu konfliktanfälligen Interaktionen führt. Diese Feinfühligkeit ist Ressource und Risiko zugleich – und therapeutisch gezielt bearbeitbar.

▶   Motive verstehen, Bedürfnisse ernst nehmen, Beziehung verlässlich halten –
    so wird Sucht als Kompensation überflüssig.

Anna

Anna berichtet, dass sie bereits Jahre vor der aktuellen Behandlung wegen depressiver Verstimmung in ambulanter Therapie war. Damals standen Müdigkeit, Rückzug und Erschöpfung im Vordergrund. Die Symptome wurden als Depression eingeordnet. Später äusserte ein Psychiater den Verdacht einer Persönlichkeitsstörung – mit der Begründung, Anna sei „zu empfindlich", „zu anpassungsbereit" und „in Beziehungen schwierig". Für Anna fühlte sich diese Aussage wie eine Kritik an ihrem Charakter an. „Es war, als würde jemand sagen, ich sei als Mensch falsch", beschreibt sie rückblickend. Sie empfand die Zuschreibung als abwertend und beschämend, nicht als Erklärung.

Erst im sicheren Rahmen der Klinik wird deutlich, dass diese früheren Diagnosen den Kern ihrer Problematik verfehlten. In der biografischen und sozialen Anamnese beschreibt Anna ihr Elternhaus genauer. Der Vater trank regelmässig und war an manchen Abenden laut, abwertend und unberechenbar. Die Mutter war häufig überfordert, zeitweise emotional abwesend oder depressiv überlastet. Die Versorgung war dadurch wechselhaft: Nähe unzuverlässig, Schutz lückenhaft, Strukturen brüchig. Als ältestes Kind übernahm Anna früh Aufgaben, die eigentlich Erwachsenen zugestanden hätten. Sie beruhigte Geschwister, spürte Stimmungen, versuchte, Eskalationen zu verhindern. „Ich musste immer wissen, wie die Lage ist – sonst wurde es gefährlich", sagt sie.

Auf den ersten Blick wirkte Anna in der Klinik nicht wie eine klassische PTBS-Patientin. Doch im Einzelsetting zeigen sich die Symptome, sobald sie offen, aber konkret befragt wird. Sie berichtet von Albträumen, die immer im alten Hausflur beginnen, ohne dass sie das Geschehen bewusst erinnern kann; von Herzrasen und innerem Erstarren, wenn jemand laut wird; von einem reflexhaften Rückzug in Konflikten; von emotionaler Taubheit danach; von hoher Schreckhaftigkeit und einem konstanten inneren Alarmzustand. Vieles davon hatte sie jahrelang als „Schwäche" oder „Überempfindlichkeit" gedeutet – eine Form der Selbstabwertung, die in belasteten Familiensystemen häufig entsteht.

In der Teamsupervision ergibt sich ein konsistentes Bild: Intrusionen, Vermeidung und Übererregung – allerdings gut kompensiert und in ein funktionales Leben eingebettet – kombiniert mit chronischer Scham, instabilem Selbstwert, Schwierigkeiten, Nähe auszuhalten, und Problemen in der Emotionsregulation. Die Therapeutin fasst im Einzel vorsichtig zusammen: „Ihre Symptome passen deutlich besser zu einer komplexen Traumafolgestörung als zu einer Störung Ihrer Persönlichkeit." Für Anna ist das ein entlastender Moment. „Das erklärt so vieles", sagt sie. „Ich dachte immer, ich bin einfach schwierig."

Parallel zeigen sich Hinweise auf ein lange übersehenes ADHS. In der Rückschau beschreibt Anna, wie sie schon als Kind Mühe hatte, sich zu konzentrieren, gedanklich oft abdriftete und schnell überfordert war, wenn mehrere Anforderungen gleichzeitig bestanden. Die Familie kommentierte dies als „schusselig" oder „unzuverlässig". In der Schule war sie äusserlich angepasst, innerlich jedoch häufig überfordert – und emotional besonders intensiv. Sie sagt: „Wenn etwas mich getroffen hat, war ich komplett drin. Ich konnte dann nicht mehr raus aus dem Gefühl." In Konflikten war sie entweder überflutet oder wie abgeschnitten – beides typisch für Menschen, die mit ADHS gross werden und gleichzeitig keine sichere emotionale Umgebung haben.

Eine neuropsychologische Kurztestung zeigt ein schwankendes Aufmerksamkeitsniveau und ein vulnerables Arbeitsgedächtnis. Die Ärztin erklärt: „Kinder mit ADHS überfordern ihre Eltern nicht absichtlich. Aber in einem angespannten, suchtbelasteten System kommt es schnell zu Abwertungen. Das Kind wird zur Projektionsfläche der Überforderung." Anna hört zu und sagt leise: „Ich war immer zu viel oder zu wenig."

Durch diese differenzierte Diagnostik entsteht zum ersten Mal ein stimmiges Gesamtbild: ein traumatisiertes Bindungssystem, in dem Anna früh Verantwortung übernahm; ein unentdecktes ADHS, das ihre Belastbarkeit für Reizüberflutung und emotionale Intensität verringerte; eine jahrzehntelange Tendenz zur Überkompensation; und ein Alkoholkonsum, der als erlernte Selbstberuhigung diente – gegen Unruhe, Scham und Übererregung. Die früheren Diagnosen – Depression oder Persönlichkeitsstörung – erscheinen im Rückblick nicht als Irrtum, sondern als unzureichende Ausschnitte eines komplexeren Musters.

Ein Psychologe fasst es in einer Sitzung so zusammen: „Sie haben unter Bedingungen gelebt, für die niemand als Kind ausgerüstet ist. Sie haben Strategien entwickelt, um zu bestehen. Diese Strategien waren lange hilfreich – bis die Lebensumstände sich änderten." Für Anna ist das der Moment, in dem ihre Geschichte erstmals Sinn ergibt – nicht als Kette persönlicher Fehler, sondern als nachvollziehbare Entwicklung.

Literatur

Bandelow, B., Aden, I., Alpers, G. W., Baldinger-Melich, P., Bartussek, J., Beesdo-Baum, K., et al. (2021). *S3-Leitlinie Behandlung von Angststörungen (AWMF-Registernr. 051-028), Version 2.0, Stand 06.04.2021; gültig bis 05.04.2026.* AWMF.

Bschor, T., Hegerl, U., & Müller, H. (2023). *Depressionen: Diagnostik, Therapie und Gesundheitsversorgung.* Springer.

Bundesärztekammer (BÄK), Kassenärztliche Bundesvereinigung (KBV) & Arbeitsgemeinschaft der Wissenschaftlichen Medizinischen Fachgesellschaften (AWMF). (2022). Nationale VersorgungsLeitlinie Unipolare Depression – Langfassung, Version 3.2 (gültig bis 29.09.2027). https://doi.org/10.6101/AZQ/000505

Cabé, J., et al. (2021). Influence of clinical markers of dopaminergic behaviors on depressive symptoms during cocaine withdrawal. *Frontiers in Psychiatry, 12,* 775670. Frontiers.

Chang, Z., et al. (2014). Stimulant ADHD medication and risk for substance abuse. *Journal of Child Psychology and Psychiatry, 55*(8), 878–885.

Clemow, D. B., & Walker, D. J. (2014). The potential for misuse and abuse of medications in ADHD. *Postgraduate Medicine, 126*(5), 64–81.

Cloitre, M., Courtois, C. A., Charuvastra, A., Carapezza, R., Stolbach, B. C., & Green, B. L. (2021). Treatment of complex PTSD: Results of the ISTSS expert clinician survey on best practices. *European Journal of Psychotraumatology, 12*(1), 1869859.

Grawe, K. (1998). *Psychologische Therapie.* Hogrefe.

Grawe, K. (2004). *Neuropsychotherapie.* Hogrefe.

Groenman, A. P., et al. (2013). Substance use disorders in adolescents with ADHD. *Addiction, 108*(8), 1503–1511.

Hohagen, F., & Rüther, E. (2019). Affektive Störungen. In F. Hohagen & E. Rüther (Hrsg.), *Therapie psychischer Erkrankungen*. Urban & Fischer.

ICD-11. (2022). *Internationale Klassifikation der Krankheiten* (11. Revision). World Health Organization.

de Jong, M., et al. (2023). Female-specific pharmacotherapy in ADHD. *Frontiers in Psychiatry, 14*, 1306194.

Kessler, R. C., et al. (2006). The prevalence and correlates of adult ADHD. *American Journal of Psychiatry, 163*(4), 716–723.

Lee, S. S., et al. (2011). ADHD and substance use and abuse/dependence: A meta-analytic review. *Clinical Psychology Review, 31*(3), 328–341.

Linehan, M. M. (1993). Cognitive-behavioral treatment of borderline personality disorder. .

Löwe, B., Decker, O., Müller, S., Brähler, E., Schellberg, D., Herzog, W., & Herzberg, P. Y. (2008). Validation and standardization of the GAD-7 in the general population. *Medical Care, 46*(3), 266–274.

McHugh, R. K., Hearon, B. A., & Otto, M. W. (2010). Cognitive–behavioral therapy for substance use disorders. *Psychiatric Clinics of North America, 33*(3), 511–525.

Mills, K. L., Teesson, M., Back, S. E., Brady, K. T., Baker, A. L., Hopwood, S., & Sannibale, C. (2012). Integrated exposure-based therapy for co-occurring posttraumatic stress disorder and substance dependence: A randomized controlled trial. *JAMA, 308*(7), 690–699.

National Institute on Drug Abuse (NIDA). (2024, September 27). *Cocaine*. National Institute on Drug Abuse.

Nestler, E. J. (2013). Cellular basis of memory for addiction. *Dialogues in Clinical Neuroscience, 15*(4), 431–443.

NICE. (2011, fortlaufend aktualisiert). *CG113: Generalised anxiety disorder and panic disorder in adults*. National Institute for Health and Care Excellence.

Odenwald, M., & Semrau, P. (2013). Dropout among patients in qualified alcohol detoxification treatment: The effect of treatment motivation is moderated by trauma load. *Substance Abuse Treatment, Prevention, and Policy, 8*, 14.

Polanczyk, G., et al. (2007). The worldwide prevalence of ADHD. *American Journal of Psychiatry, 164*(6), 942–948.

Quinn, P. O. (2005). Treating adolescent girls and women with ADHD. *Journal of Clinical Psychology, 61*(5), 579–587.

Revadigar, N., & Urits, I. (2022). *Substance-induced mood disorders*. In StatPearls. StatPearls Publishing. NCBI.

Schäfer, I., & Lieb, K. (2010). DBT-S: Dialektisch-behaviorale Therapie bei Substanzabhängigkeit und Borderline-Störung. *Verhaltenstherapie, 20*(1), 29–36.

Schäfer, I., et al. (2019). Efficacy of trauma-focused treatment for patients with substance use disorder and post-traumatic stress disorder: A randomized controlled trial. *European Addiction Research, 25*(1), 35–45.

Schnyder, U., Ehlers, A., Elbert, T., Foa, E. B., Gersons, B. P., Resick, P. A., … & Cloitre, M. (2015). Psychotherapies for PTSD: What do they have in common? *European Journal of Psychotraumatology, 6*(1), 28186.

Spitzer, R. L., Kroenke, K., Williams, J. B. W., & Löwe, B. (2006). A brief measure for assessing generalized anxiety disorder (GAD-7). *Archives of Internal Medicine, 166*(10), 1092–1097.

Trull, T. J., Sher, K. J., Minks-Brown, C., Durbin, J., & Burr, R. (2000). Borderline personality disorder and substance use disorders: A review and integration. *Clinical Psychology Review, 20*(2), 235–253.

Verheul, R. (2001). Co-morbidity of personality disorders in individuals with substance use disorders. *European Psychiatry, 16*(5), 274–282.

Volkow, N. D., et al. (2009). Evaluating dopamine reward pathway in ADHD. *JAMA, 302*(10), 1084–1091.

Wolitzky-Taylor, K., et al. (2023). Integrated behavioral treatments for comorbid anxiety and substance use disorders: A meta-analysis. *Drug and Alcohol Dependence.*

World Health Organization. (2020). International classification of diseases for mortality and morbidity statistics (11th Revision). World Health Organization.

World Health Organization. (2021). *ICD-10 classification of mental and behavioural disorders: Clinical descriptions and diagnostic guidelines.* World Health Organization.

Young, S., et al. (2020). Females with ADHD: A consensus statement. *BMC Psychiatry, 20*(1), 404.

Systemische Dimension 7

Abhängigkeitserkrankungen finden in sozialen Systemen statt (SAMSHA, 2021; NIAAA, 2021). Dieser Teil hilft, Angehörige einzubinden, im Hilfesystem zu navigieren und Barrieren abzubauen – damit Unterstützung dort ankommt, wo sie gebraucht wird.

7.1 Sucht als Teilhabestörung

Die Abhängigkeitserkrankung ist nicht nur ein individuelles Problem, sondern fast immer auch eine Störung der sozialen Teilhabe. Suchttherapie bedeutet deshalb nicht nur Symptomreduktion, sondern auch die Wiederherstellung von Zugehörigkeit, Beziehungen und Sinn (Slade, 2009).

7.1.1 Soziale Isolation und Ausschluss

Abhängigkeit führt häufig zu Rückzug und Isolation. Betroffene verlieren den Anschluss an soziale Netzwerke und erleben Stigmatisierung. Menschen mit Abhängigkeitserkrankungen erfahren Einschränkungen in ihrer sozialen Integration, in Arbeit, Freundschaften und Familie, Kultur und Gesellschaft. Dies verstärkt Scham und erschwert den Weg in die Behandlung.

© Der/die Autor(en), exklusiv lizenziert an Springer-Verlag GmbH, DE, ein Teil von Springer Nature 2026
C. Lorenz, *Integrative Suchttherapie*,
https://doi.org/10.1007/978-3-662-73257-1_7

7.1.2 Social Prescribing und neue Ansätze

Ein vielversprechender Ansatz ist das sogenannte Social Prescribing – also die gezielte Vermittlung in soziale, kulturelle und gemeinschaftliche Aktivitäten (Bickerdike et al., 2017; Chatterjee et al., 2018). Dabei geht es um die Förderung von Alltagsressourcen: Teilnahme an Sportgruppen, kulturellen Veranstaltungen, Freiwilligenarbeit oder gemeinschaftlichen Projekten. Ziel ist es, soziale Verbundenheit zu stärken und die Ressourcen des Umfelds gezielt in die Therapie einzubeziehen.

7.1.3 Exkurs: Was Suchtmittel gefährlich macht. Zur Droge selbst und den Umgebungsfaktoren…

In den 1960er und 70er-Jahren dominierten in der Suchtforschung stark reduktionistische Vorstellungen davon, was Suchtmittel bewirken und was sie so gefährlich macht. Sie wurden zunächst vor allem systematisch am Tiermodell gewonnen. Typische experimentelle Anordnungen sahen etwa so aus: Einzelne Ratten und auch Primaten, wie Rhesusaffen, wurden in kleinen Käfigen gehalten und erhielten Zugang zu zwei Trinkflaschen – Wasser und drogenversetztes Wasser (häufig Morphin oder Kokain). Viele dieser Tiere konsumierten unter solchen Bedingungen exzessiv, vernachlässigten Nahrung und soziale Interaktion und starben teilweise an Überdosierungen. Diese frühen Experimente (u. a. Deneau et al., 1969; Thompson & Schuster, 1964; Weeks, 1962) suggerierten, dass die pharmakologische Wirkung der Substanzen selbst die entscheidende Ursache für Abhängigkeit sei.

7.1.4 Der „Rat Park" von Bruce Alexander

Mit dem „Rat Park" stellte der Psychologe Bruce K. Alexander diese Annahme grundlegend infrage. Sein Team veränderte eine einzige Variable: die Lebensbedingungen. Statt Einzelhaltung lebten die Ratten in einer grossen, stimulierenden Umgebung mit sozialen Interaktionen, Bewegung, Rückzugsmöglichkeiten und Spielmaterial. Auch hier standen eine normale Wasserflasche und eine morphingesättigte Wasserflasche zur Verfügung. Das Ergebnis: Die Tiere im „Rat Park" zeigten deutlich weniger Interesse an der Droge; viele mieden sie weitgehend (Alexander et al., 1978a, b).

Die zentrale Botschaft lautet nicht, dass Substanzen harmlos seien, sondern dass soziale und ökologische Bedingungen massiv beeinflussen, ob ein Organismus suchtähnliches Verhalten entwickelt. Menschen und Tiere, die in Kontakt, Sicherheit und Sinnbezügen leben, zeigen ein deutlich geringeres Risiko für abhängiges Verhalten. Isolation, Überforderung, Traumatisierung und Sinnverlust dagegen erhöhen die Vulnerabilität erheblich (vgl. auch Hari, 2015, für eine populärwissenschaftliche Darstellung).

Einordnung und Grenzen
Die „Rat Park"-Studie ist methodisch nicht frei von Kritik:

- Es existieren nur wenige systematische Replikationen.
- Die statistischen Auswertungen entsprechen nicht heutigen Standards.
- Die Übertragbarkeit vom Tiermodell auf den Menschen ist begrenzt.
- Bei bestimmten Substanzen, wie Kokain, ist das pharmakologische Suchtpotenzial hoch; Umgebungsfaktoren modulieren es, heben es aber nicht vollständig auf.

Trotz dieser Einschränkungen zeigt der Rat Park paradigmatisch:
Das Suchtpotenzial psychoaktiver Substanzen wurde lange überschätzt, während der Einfluss von Umwelt, Beziehung, Stress und Verbundenheit unterschätzt wurde.

7.1.5 Relevanz für die Praxis

Die Rat-Park-Perspektive unterstützt den modernen Blick auf Sucht als Beziehungs-, Kontext- und Teilhabestörung:

- Menschen werden nicht im Vakuum abhängig, sondern in sozialen Systemen.
- Verbundenheit, Sicherheit und Zugehörigkeit senken das Risiko für Konsumereignisse.
- Stress, Isolation und fehlende Perspektiven erhöhen die Vulnerabilität – unabhängig von der Substanz.

Damit erinnert die Studie daran, dass Behandlung nicht nur darauf abzielt, Substanzen zu reduzieren, sondern Lebensbedingungen zu gestalten, die Konsum überflüssig machen – durch Verbindung, Sinn und soziale Teilhabe.

7.1.6 Hoch funktionale Abhängigkeit

Übrigens: Auch hoch funktionale, gut integrierte Menschen können von Abhängigkeit betroffen sein. Gerade wer einen hohen sozialen Status hat, hat oft noch mehr zu verlieren, wenn er oder sie sich zu einer Suchterkrankung bekennt. Die Schwelle zum Eintritt ins Hilfesystem ist deshalb besonders hoch (Hammarlund et al., 2018; Schomerus et al., 2024). Gleichzeitig ist auch bei ihnen die gesellschaftliche Teilhabe gestört: Sie können sich in ihren üblichen sozialen Bezügen nicht mehr authentisch zeigen, was auf Dauer zu innerer Vereinsamung und Belastung führt.

7.1.7 Praktische Umsetzung

Für die Praxis bedeutet das: Teilhabe muss ein zentrales Therapieziel sein. Dies umfasst die Förderung von Beziehungen, die Unterstützung beim Zugang zu Arbeit und Ausbildung sowie die Integration in Gemeinschaft. Therapeut:innen sollten gemeinsam mit Betroffenen überlegen, welche Formen von Teilhabe für sie bedeutsam sind und welche Barrieren abgebaut werden können. Peer-Angebote und Selbsthilfegruppen spielen hierbei eine wichtige Rolle, da sie soziale Verbundenheit auf einer gegenseitigen Verständnisebene ermöglichen.

7.1.8 Evidenzlage

Studien zeigen, dass soziale Integration und Teilhabe wesentliche Faktoren für eine nachhaltig positive Prognose sind. Bickerdike et al. (2017) berichten positive Effekte von Social-Prescribing-Programmen auf Wohlbefinden und soziale Teilhabe. Chatterjee et al. (2018) zeigen, dass Social Prescribing auch die Inanspruchnahme medizinischer Leistungen reduziert. Slade (2009) hebt hervor, dass Recovery immer auch die Wiedergewinnung von Teilhabe und Sinnorientierung umfasst.

▶ Sucht geht meist mit einer Störung sozialer Teilhabe einher – Therapie gelingt nur nachhaltig, wenn Menschen wieder authentisch in Gemeinschaft eingebunden sind.

7.2   Angehörige und Selbsthilfegruppen

Sucht betrifft nie nur die einzelne Person. Familienangehörige, Partner:innen, Freundeskreise und Kolleg:innen sind unmittelbar mitbetroffen. Ebenso spielt die Anbindung an unterstützende Netzwerke eine zentrale Rolle für die Stabilisierung und den Behandlungserfolg. Angehörigenarbeit und Selbsthilfegruppen sind daher keine Randthemen, sondern Kernelemente wirksamer Suchthilfe (Copello et al., 2005).

7.2.1   Angehörigenarbeit

Angehörige erleben die Sucht oft als massive Belastung – geprägt von Hilflosigkeit, Scham und Schuldgefühlen. Gleichzeitig können sie wichtige Ressourcen bereitstellen, wenn sie in den Prozess einbezogen werden. Stabile, unterstützende Beziehungen wirken sich nachweislich positiv auf Verlauf, Motivation und Rückfallprophylaxe aus (Copello et al., 2005; Orford, 2008).

Eine gezielte, systematisch geplante Überprüfung der möglichen Einbindung von Angehörigen gehört deshalb zwingend in jedes Fallkonzept. Therapeutische Gespräche mit Partner:innen, Eltern, Kindern oder anderen nahestehenden Menschen schaffen Raum für gemeinsame Verstehensprozesse, für Aufarbeitung und Klärung, aber auch für Entlastung und neue Perspektiven. Angehörigengespräche sollten auch dann nicht unterbleiben, wenn Beziehungen angespannt oder brüchig sind – gerade dann können sie besonders wirksam sein (aber: bei fortbestehendem Täterkontakt in traumabelasteten Systemen ist besondere Vorsicht geboten). Oft ist der oder die Patient:in nicht nur individuell belastet, sondern die Abhängigkeitssymptomatik Ausdruck eines insgesamt hoch beanspruchten sozialen Systems. Suchtarbeit heisst deshalb immer auch Systemarbeit.

Inhalte der Angehörigenarbeit
Zur konkreten Ausgestaltung können Interventionen dienen, die sich in Forschung und Praxis bewährt haben (Copello et al., 2005; SAMHSA, 2004; Orford, 2008):

- Psychoedukation – Informationen zur Krankheitsnatur, Rückfallmechanismen und Behandlungsmöglichkeiten.
- Reflexion von Kommunikations- und Interaktionsmustern, die die Dynamik aufrechterhalten oder verschärfen können.
- Grenzen, Rollen und Verantwortungen klären – Angehörige sollen Verantwortung abgeben lernen und Selbstfürsorge entwickeln.

- Aufarbeitung von Schuld- und Schamgefühlen, die bei Angehörigen oft stark ausgeprägt sind.
- Ressourcenaktivierung: Identifikation und Förderung von Kompetenzen und vorhandenen Unterstützungsquellen im Umfeld.

7.2.2 Selbsthilfegruppen

Neben dem familiären Umfeld sind auch Gemeinschaften von Betroffenen selbst eine entscheidende Ressource. Selbsthilfegruppen unterscheiden sich von professionellen Angeboten durch ihre Peer-Logik: Erfahrungsaustausch auf der Ebene gemeinsamer Erfahrungshorizonte, gegenseitige Unterstützung und kontinuierliche Begleitung – oft über viele Jahre hinweg.

Gut belegt ist die Wirksamkeit der 12-Schritte-Programme wie Anonyme Alkoholiker (AA). Ein Cochrane-Review bestätigt positive Effekte auf Abstinenz und Stabilisierung (Kelly et al., 2020). Doch die Selbsthilfelandschaft ist vielfältiger: Kreuzbund, Blaues Kreuz, Narcotics Anonymous, Gamblers Anonymous, SMART Recovery, frauenspezifische Gruppen oder Online-Angebote bieten Unterstützung.

Auch Angehörige finden zunehmend Unterstützung, etwa in spezifischen Selbsthilfegruppen wie Al-Anon, Angehörigengruppen der regionalen Suchtfachstellen oder kommunalen Beratungszentren; solche Angebote sind zwar häufig städtisch konzentriert, bieten aber – wo vorhanden – einen geschützten Raum für Entlastung, Information und Austausch.

Der Mehrwert gegenüber therapeutischen Settings liegt in Nachhaltigkeit und Langfristigkeit, Identifikation durch Vorbilder, Normalisierung und sozialer Integration. Besonders wichtig ist die Passung: Nicht jede Gruppe passt für jede Person. Ein nachhaltiger Verbleib gelingt meist nur, wenn mehrere Gruppen ausprobiert werden und eine persönliche Identifikation entsteht. Therapeut:innen sollten ermutigen, verschiedene Gruppen kennenzulernen und Betroffene dabei begleiten.

7.2.3 Verbindung zu alltagsnahen Ansätzen

Angehörigenarbeit und Selbsthilfegruppen sind keine isolierten Säulen, sondern ergänzen sich. Während Angehörigenarbeit familiäre Dynamiken anspricht, ermöglichen Selbsthilfegruppen Peer-Unterstützung und neue Netzwerke. Beide zusammen schaffen eine Brücke zur gesellschaftlichen Teilhabe.

7.2.4   Konsequenzen für die Praxis

Für die Praxis heisst das: Angehörigenangebote frühzeitig einplanen – nicht als Option, sondern als Bestandteil des Konzepts. Inhalte und Struktur für Angehörige klar definieren (Psychoedukation, Kommunikation, Grenzen etc.). Bei Selbsthilfegruppen Empfehlungen nicht eindimensional geben, sondern mehrere Optionen zur Auswahl vorschlagen. Nur wenn das soziale Umfeld gestärkt wird, kann Behandlung langfristig wirksam sein.

▶   Angehörigenarbeit und Selbsthilfegruppen sind integrale Wirkfaktoren von Suchttherapien.

7.3   Welcome to the Jungle: Orientierung im Suchthilfesystem

Das Suchthilfesystem im deutschsprachigen Raum (Deutschland, Österreich, Schweiz) ist vielfältig, historisch gewachsen und in Teilen fragmentiert. Für neue Fachkräfte ist es nicht immer leicht zu überblicken – zugleich zeigt die Forschung konsistent: Längere Verweildauer und kontinuierliche Anbindung an Hilfen gehen mit besseren Verläufen einher (z. B. höhere Abstinenz- oder Reduktionsraten, stabilere Teilhabe) (EMCDDA, 2024; WHO, 2023). Langzeitbeobachtungen berichten deutliche Vorteile bei Patient:innen, die über Monate in abgestimmten medizinischen und psychosozialen Angeboten bleiben (EMCDDA, 2024; WHO, 2023).

7.3.1   Historische Entwicklung und Fragmentierung

Aus kirchlichen Armen- und Fürsorgeeinrichtungen entstanden über Jahrzehnte kommunale, gemeindebasierte und schliesslich überwiegend leistungsträgerfinanzierte (Krankenkassen, öffentliche Hand) Versorgungsstrukturen. Das Ergebnis: Es bestehen parallel gewachsene Teilsysteme – somatische Kliniken, Psychiatrien, Suchtfachkliniken, ambulante Fachstellen, Selbsthilfe und schadensminderungsorientierte Angebote – mit unterschiedlichen Finanzierungs- und Zugangslogiken.

Häufig fehlen digitale Schnittstellen und standardisierte Überleitungen. Für Betroffene und Helfende bedeutet das: Übergänge müssen aktiv moderiert werden, um Versorgungsbrüche zu verhindern (WHO, 2023).

7.3.2 Behandlungskette – vom Erstkontakt bis zur Nachsorge

In der Praxis ist die Kette nicht strikt linear; Rückschritte, Parallelität und Wiederholungen sind häufig. Typische Elemente beinhalten:

1. Erstkontakt/Diagnostik: Hausärzt:innen, ambulante Suchtberatungsstellen oder sozialpsychiatrische Dienste klären Konsum, Risiken, Komorbiditäten und Dringlichkeiten – und steuern in weiterführende Hilfen.
2. Akutbehandlung:
   a. Somatischer Entzug (bei körperlicher Abhängigkeit): medizinische Stabilisierung, Komplikationsprophylaxe.
   b. Qualifizierter Entzug (insbes. in Deutschland so bezeichnet): somatische Behandlung plus psychosoziale Diagnostik und Motivationsaufbau zum Verbleib im Hilfesystem.
3. Entwöhnung/Therapie: Stationär, teilstationär oder ambulant – mit psychotherapeutischem und/oder psychosozialem Schwerpunkt. Evidenzbasierte Verfahren (z. B. KVT, Motivational Interviewing, Rückfallprävention) sind Standard (Soyka & Batra, 2021).
4. Nachsorge/Integration: Ambulante Begleitung, betreutes Wohnen, arbeits- und sozialtherapeutische Angebote, Selbsthilfe. Kontinuierliche Nachsorgekontakte erhöhen die Stabilität (Soyka & Batra, 2021; WHO, 2023).

7.3.3 Gemeinsamkeiten und Unterschiede in D–A–CH

Gemeinsam sind den D-A-CH-Ländern die Trennung von somatischem Entzug und psychosozialer Entwöhnung, die Einbindung der Primärversorgung und die Rolle der Selbsthilfe. In Deutschland ist „qualifizierter Entzug" als Begriff etabliert; in Österreich und der Schweiz existieren vergleichbare inhaltliche Konzepte, teils ohne diese Terminologie. Unterschiede zeigen sich vor allem in Finanzierung, der Dichte spezialisierter Angebote und regionaler Verfügbarkeit (EMCDDA, 2024; WHO, 2023).

7.3.4 Harm Reduction und ergänzende Angebote

Zum erweiterten System gehören präventive und schadensmindernde Angebote: Drug-Checking, Kontakt- und Anlaufstellen, Konsumräume, Spritzentausch, Substitutionsversorgung u. a. In der Schweiz ist Harm Reduction fest verankert

(u. a. ärztlich verschriebene Heroinabgabe; niedrigschwellige Netze). Evidenz zeigt reduzierte Überdosierungen, weniger Infektionen und sozial stabilere Verläufe; in Deutschland und Österreich existieren entsprechende Programme, jedoch regional unterschiedlich ausgebaut (EMCDDA, 2024; WHO, 2023).

7.3.5   Selbsthilfe – differenziert und vielfältig

Neben AA/NA gibt es thematische Gruppen (z. B. Geldspiel, Essstörungen, Angehörige), Online-Formate und moderierte Peer-Gruppen in Kliniken. Diese Vielfalt ermöglicht Passgenauigkeit, verlangt aber Kenntnis der Landschaft und eine gezielte Vermittlung.

7.3.6   Navigationshilfe für die Praxis

Schlüsselkompetenz für Fachkräfte ist Orientierung: Wo beginnt der Einstieg? Welche medizinischen und psychosozialen Schritte sind jetzt nötig? Wo bestehen Wartezeiten/Zugangsbarrieren – und wie lassen sie sich überbrücken (z. B. Übergangsgespräche, Brückenangebote, Tele-Kontakte)? Ein klarer Überblick (s. Tab. 7.1) hilft, in den passenden Versorgungsbereich zu steuern und Bindung ans System zu sichern (EMCDDA, 2024; WHO, 2023).

Praxis-Hinweise
- Früh anbahnen: Kontakt noch während Entzug/Station zur Nachsorge knüpfen (Warm-Handover).
- Parallel denken: Komorbiditäten (Psychiatrie/Medizin) früh einbinden.
- Barrieren adressieren: Wege, Kosten, Wartezeiten, Kinderbetreuung, Sprachmittlung konkret klären.
- Selbsthilfe aktiv vermitteln: Termin, Ort, Kontakt – nicht nur „empfehlen".
- Dazu gehört: Die Stellen, die man empfiehlt, auch aus erster Hand, z. B. von Besuchen, zu kennen.
- Dokumentierte Übergaben: Standardisierte Infosets/Entlassbriefe mit Ansprechpartner:innen.

> Orientierung schafft Beständigkeit: Wer Übergänge aktiv moderiert, vernetzt und dranbleibt, erhöht die Verweildauer im Hilfesystem – und damit die Chance auf stabile Besserung.

Tab. 7.1 Zentrale Versorgungsbereiche im Suchthilfesystem (Überblick)

Bereich	Typische Aufgaben	Zugang/Zusteiger	Schnittstellen/Überleitung
Hausärzt:innen/ Primärversorgung	Erstscreening, Kurzintervention, somatische Basisversorgung, Einleitung Entzug/ Überweisung	Direkter Erstkontakt	Suchtberatung, Psychiatrie, Entzug, Substitution
Ambulante Suchtberatung/ Fachstellen	Diagnostik, Motivationsarbeit, Hilfeplanung, Sozialrecht, Vermittlung, Angehörigenarbeit	Selbstmeldung, Zuweisung	Entzug, Entwöhnung, Selbsthilfe, Jobcenter/ Sozialdienste
Somatischer Entzug	Medizinische Stabilisierung, Komplikationsprophylaxe	Klinik, Notfall, Zuweisung	Qualifizierter Entzug, Entwöhnung, Substitution, Nachsorge
Qualifizierter Entzug (DE)	Somatik + psychosoziale Diagnostik/ Intervention, Rückfallprävention, Behandlungsplanung	Psychiatrie/ Suchtmedizin	Entwöhnung (stationär/ teilstationär/ambulant), Reha, Nachsorge
Entwöhnung/Therapie	Psychotherapie (z. B. KVT/MI), Soziotherapie, Arbeit/Alltag, Rückfallprävention	Reha-Antrag/ Zuweisung, Eigenantrag	Ambulante Nachsorge, betreutes Wohnen, Peer-Gruppen
Substitution/ Abgestützte Behandlung	OAT, medizinische/soziale Stabilisierung, Infektionsschutz	Vertragsärzt:innen/ zentren	Beratung, Psychotherapie, Sozialarbeit, Konsumräume
Harm-Reduction-Angebote	Konsumräume, Spritzentausch, Drug-Checking, Kontaktstellen	Niedrigschwellig	Substitution, Beratung, medizinische Versorgung
Selbsthilfe/Peers	Teilhabe, Rückhalt, Vorbilder, Alltagstipps	Selbstmeldung, Vermittlung	Alle Bereiche (v. a. Nachsorge/ Übergänge)
Nachsorge/Integration	Case Management, Wohn-/Arbeit-Integration, Krisenpläne	Überleitung aus Therapie/Entzug	Primärversorgung, Fachstellen, Selbsthilfe

Anna

Anna kehrt nach Abschluss der Reha nach Hause zurück. Die ersten Tage sind fordernd. Die klare Struktur der Klinik fehlt, die Abende wirken weit und unruhig. Sie schläft flach, verliert sich in Grübeleien und sagt Treffen ab, obwohl sie weiss, dass ihr Kontakt guttun würde. Später beschreibt sie diese Phase so: „Ich wusste nicht, wo ich anfangen soll."

Die Reha hatte in den letzten Tagen bereits eine Nachsorge vorbereitet: eine Anmeldung in einer ambulanten Fachstelle Sucht, Zugang zu Psychotherapie, Bewegungstherapie und alltagsunterstützenden Angeboten. Eine Peer-Begleiterin, die sie am Abschlusstag kurz begleitet, sagt zu ihr: „Sie müssen nicht perfekt starten. Es reicht, wenn Sie auftauchen." Dieser Satz bleibt hängen.

In der Fachstelle übernimmt eine Sozialarbeiterin die Fallführung. Sie beginnt das Erstgespräch ruhig: „Wir schauen gemeinsam, was im Alltag tragbar ist – und was gerade zu viel wäre." Es werden keine Forderungen gestellt, sondern konkrete, überschaubare Schritte vereinbart: wöchentliche Therapiegespräche, ein Bewegungstermin, Unterstützung bei Tagesstruktur und Finanzen sowie die Vermittlung in eine geeignete Selbsthilfegruppe.

Annas Angehörige reagieren vorsichtig, aber zugewandt. Die Tochter sagt: „Ich will da sein, aber ich brauche klare Absprachen." Der Sohn meldet sich regelmässig, bleibt aber zurückhaltend, um sich nicht wieder zu überfordern. Der Mann zeigt sich bemüht, aber emotional unsicher – aus Erschöpfung, nicht aus Desinteresse.

Auf Empfehlung der Hausärztin besucht Anna zunächst eine Selbsthilfegruppe in der Nähe. Schon in der ersten Sitzung merkt sie, dass die Atmosphäre für sie nicht passt: starke spirituelle Anteile, rigide Rituale, wenig Raum für Ambivalenz. Nach dem Treffen sagt sie: „Ich glaube, ich gehöre hier nicht hin." Die Gruppenleitung reagiert respektvoll: „Das bedeutet nur, dass es die falsche Gruppe war. Nicht, dass Sie falsch sind."

Über die Fachstelle findet Anna eine zweite Gruppe. Kleine Runde, offene Haltung, kein Druck. Eine Teilnehmerin begrüsst sie mit einem entlastenden Satz: „Du musst hier nichts erzählen. Viele von uns haben erst nach Monaten gesprochen." Anna kommt wieder. Beim dritten Treffen erzählt sie in wenigen sachlichen Sätzen, weshalb sie da ist. Niemand kommentiert, niemand lenkt ab. Ein Nicken reicht. Diese Form stiller Bezogenheit tut ihr gut.

Im ersten halben Jahr kommt es zu einzelnen Konsumereignissen, jeweils in Momenten alter Muster: ein Konflikt, eine Überforderung, ein Gefühl von

„nicht genug sein". Der Unterschied zur Vergangenheit ist deutlich. Anna spricht sie an. Beim ersten Mal in der Folgewoche, beim nächsten Mal bereits am nächsten Morgen. Ihre Therapeutin ordnet es so ein: „Das zeigt, dass Sie Situationen früher erkennen. Es geht nicht darum, nie zu stolpern – sondern darum, nicht mehr allein zu sein, wenn es passiert."

Parallel beginnt Anna, alte Ressourcen vorsichtig wieder aufzunehmen: kurze Spaziergänge, ein Pflanzkübel auf dem Balkon, regelmässige Bewegungstherapie, gelegentliche Treffen mit einer Peer-Begleiterin. Nichts Perfektes – aber etwas, das trägt.

Ihr Netz ist nicht ideal, aber tragfähig genug: Kinder, die da sind, ohne sich zu überfordern; ein Mann, der Kontakt hält, ohne Kontrolle; eine Fachstelle, die Struktur bietet; eine Selbsthilfegruppe, die Zugehörigkeit ermöglicht, ohne Druck.

In einer Sitzung fasst Anna selbst ihre Entwicklung zusammen: „Früher habe ich alles versteckt. Jetzt sage ich es vorher oder zumindest so schnell wie möglich, damit es nicht wieder kippt." Die Therapeutin antwortet: „Das ist der Kern von Stabilität. Niemand lebt ohne Schwankungen. Auch stabile Systeme werden angestossen – der Unterschied ist, dass sie verlässlich und schneller wieder zu sich finden. Genau das üben Sie."

Literatur

Alexander, B. K., Beyerstein, B. L., Hadaway, P. F., & Coambs, R. B. (1978a). Effect of early and later colony housing on oral ingestion of morphine in rats. *Pharmacology Biochemistry and Behavior, 9*(5), 629–632.

Alexander, B. K., Coambs, R. B., & Hadaway, P. F. (1978b). The effect of housing and gender on morphine self-administration in rats. *Psychopharmacology, 58*(2), 175–179.

Bickerdike, L., Booth, A., Wilson, P. M., Farley, K., & Wright, K. (2017). Social prescribing: Less rhetoric and more reality. A systematic review of the evidence. *BMJ Open, 7*(4), e013384.

Chatterjee, H. J., Camic, P. M., Lockyer, B., & Thomson, L. J. (2018). Non-clinical community interventions: a systematised review of social prescribing schemes. *Arts & Health, 10*(2), 97–123.

Copello, A., Velleman, R., & Templeton, L. (2005). Family interventions in the treatment of alcohol and drug problems. *Drug and Alcohol Review, 24*(4), 369–385.

Deneau, G., Yanagita, T., & Seevers, M. H. (1969). Self-administration of psychoactive substances by the monkey. *Psychopharmacologia, 16*(1), 30–48.

European Monitoring Centre for Drugs and Drug Addiction. (2024). *European drug report 2024*. EMCDDA.

Hammarlund, R., Crapanzano, K. A., Luce, L., Mulligan, L., & Ward, K. M. (2018). Review of the effects of self-stigma and perceived social stigma on the treatment-seeking decisions of individuals with drug- and alcohol-use disorders. *Substance Abuse and Rehabilitation, 9*, 115–136.

Hari, J. (2015). *Chasing the scream: The first and last days of the war on drugs*. Bloomsbury.

Kelly, J. F., Humphreys, K., & Ferri, M. (2020). Alcoholics Anonymous and other 12-step programs for alcohol use disorder. *Cochrane Database of Systematic Reviews, 3*, CD012880.

National Institute on Alcohol Abuse and Alcoholism. (2021). *Understanding alcohol use disorder*. U.S. Department of Health and Human Services.

Orford, J. (2008). Asking the right questions in the right way: The need for a shift in research on psychological treatments for addiction. *Addiction, 103*(6), 875–885.

SAMHSA. (2004). *Substance abuse treatment and family therapy*. Treatment improvement protocol (TIP) series, no. 39. SAMHSA.

SAMHSA/NIAAA Reports (verschiedene Jahre). Evidence-based practices for family involvement in substance use treatment.

Schomerus, G., et al. (2024). Stigmatization of people with substance use disorders: Mechanisms, impact, and ways forward. *Frontiers in Psychiatry, 15*, 1295818.

Slade, M. (2009). *Personal recovery and mental illness: A guide for mental health professionals*. Cambridge University Press.

Soyka, M., & Batra, A. (2021). *Handbuch der Suchtmedizin* (3. Aufl.). Springer.

Substance Abuse and Mental Health Services Administration. (2021). *Substance use disorder treatment for people with co-occurring disorders (TIP 42)*. U.S. Department of Health and Human Services.

Thompson, T., & Schuster, C. R. (1964). Morphine self-administration, food-reinforced, and avoidance behavior in rhesus monkeys. *Psychopharmacologia, 5*(2), 87–94.

Weeks, J. R. (1962). Experimental morphine addiction: Method for automatic intravenous injections in unrestrained rats. *Science, 138*(3545), 143–144.

World Health Organization. (2023). *Health systems response to substance use: A practitioners' guide*. WHO.

Ausleitung – Beziehung statt Rezepte: Therapie bleibt ein gemeinsamer Weg

Dieses Buch endet nicht mit einer letzten Regel, einer letzten Technik oder einem letzten Modell. Es endet mit einem Plädoyer für eine Haltung: für eine menschliche, respektvolle, dialogische und offene Herangehensweise an das, was wir Suchtbehandlung nennen.

Im Zentrum dieser therapeutischen Arbeit steht nicht die Abhängigkeit, sondern der Mensch. Ein Mensch mit Geschichte, mit Fähigkeiten und Verwundbarkeiten, mit Ressourcen und Sehnsüchten. Ein Mensch, der mehr ist als sein Konsumverhalten – und der darauf angewiesen ist, in seiner ganzen Würde gesehen und angesprochen zu werden.

Die Arbeit mit Abhängigkeitserkrankungen führt uns immer wieder in Spannungsfelder: zwischen Nähe und Distanz, zwischen Kontrolle und Vertrauen, zwischen Freiheit und Struktur, zwischen Verstehen und Verantwortung. Diese Spannungen lassen sich nicht auflösen, ohne dass etwas Wesentliches verloren geht. Oft ist es gerade der Wunsch nach Eindeutigkeit – nach einem klaren „richtig" oder „falsch" –, der uns in therapeutische Sackgassen führt.

Gefragt ist eine Haltung, die Ambivalenzen aushält. Die anerkennt, dass Veränderung selten linear verläuft. Dass Rückschritte Teil eines Prozesses sind. Und dass Menschen nicht dann am besten wachsen, wenn man sie drängt, sondern wenn man ihnen Raum gibt, eigene Ziele zu entwickeln – und sie auf diesem Weg verlässlich begleitet.

Es ist nicht die Aufgabe von Fachpersonen, für Patient:innen zu entscheiden, sondern mit ihnen in Kontakt zu bleiben: zu verstehen helfen, welche Kräfte wirken, welche Motive, welche Ängste und welche Ressourcen. Zieloffene und

© Der/die Herausgeber bzw. der/die Autor(en), exklusiv lizenziert an
Springer-Verlag GmbH, DE, ein Teil von Springer Nature 2026
C. Lorenz, *Integrative Suchttherapie*,
https://doi.org/10.1007/978-3-662-73257-1

individualisierte Konzepte sind nicht Beliebigkeit, sondern Respekt – Respekt vor Biografie, Kontext und Tempo des Gegenübers.

Auch unsere eigene Haltung bleibt gefordert: Können wir Verantwortung übernehmen, ohne zu bevormunden? Grenzen setzen, ohne zu verletzen? Vertrauen schenken, ohne naiv zu werden? Konsequenz zeigen, ohne rigide zu handeln? Diese Dialektik ist anspruchsvoll – und zugleich der Alltag therapeutischer Beziehung. Sie steht für eine humanistische Grundannahme: Menschen können sich entwickeln, wenn man sie ernst nimmt, mit ihnen spricht, sie einlädt, sich selbst besser zu verstehen, und ihnen keine Türen zuschlägt.

Ich hoffe, dass dieses Buch ermutigt, nicht nur Methoden zu nutzen, sondern Haltung zu zeigen. Dass es Orientierung bietet – nicht als Rezept, sondern als Einladung zur Reflexion, zur Beziehung, zum gemeinsamen Aushalten und Weitergehen.

Suchtarbeit bedeutet Ambivalenzen auszuhalten und aufzulösen – der zentrale Erfolgsfaktor dafür ist Beziehung.